Detlefsen-Gesellschaft

Tim Laatz, Dominik Maik, Jelle Christian Reinhard

und Julian Muxfeldt

Hermann Kleemann – oder die Selbstwahrnehmung eines Mörders

2021

Im Auftrag der Detlefsen-Gesellschaft

herausgegeben von Christian Boldt

Das Erscheinen dieses Bandes wurde ermöglicht durch die finanzielle Förderung unserer Mitglieder.

Bibliografische Information der Deutschen Nationalbibliothek: Die Deutsche Nationalbibliothek verzeichnet diese Publikation in der Deutschen Nationalbibliografie; detaillierte bibliografische Daten sind im Internet über www.dnb.de abrufbar.

Redaktionsadresse:
Christian Boldt M.A.
An der Au 11, 25376 Borsfleth

Layout und Satz: Claudia Boldt
Herstellung und Verlag: BoD – Books on Demand, Norderstedt
ISBN: 9783755734055

Vorwort

Liebe Leser und Leserinnen,
76 Jahre ist es jetzt her, dass der Zweite Weltkrieg ein Ende gefunden hat. Die Erinnerung an die Schrecken des Krieges verblasst, aber nur wer die Geschichte kennt, kann die Zukunft gestalten und Fehler der Vergangenheit vermeiden.

2021 wurden im Zuge des Gedenkjahres „1700 Jahre jüdisches Leben in Deutschland" drei Stolpersteine auf Initiative des Historikers Kay Blohm in Glückstadt verlegt. Die Stolpersteine sind ein Projekt des Künstlers Gunter Demnig, das im Jahr 1992 begann. Mit im Boden verlegten kleinen Gedenktafeln, sogenannten Stolpersteinen, soll an das Schicksal der Menschen erinnert werden, die in der Zeit des Nationalsozialismus verfolgt, ermordet, deportiert, vertrieben oder in den Suizid getrieben wurden. Die quadratischen Messingtafeln mit abgerundeten Ecken und Kanten sind mit von Hand mittels Hammer und Schlagbuchstaben eingeschlagenen Lettern beschriftet und werden von einem angegossenen Betonwürfel mit einer Kantenlänge von 96 × 96 und einer Höhe von 100 Millimetern getragen. Sie werden meist vor den letzten frei gewählten Wohnhäusern der NS-Opfer niveaugleich in das Pflaster bzw. den Belag des jeweiligen Gehwegs eingelassen. So jetzt auch in Glückstadt in der Schlachterstraße. Eine Aktion gegen das Vergessen.

Tim Laatz, Dominik Maik, Jelle Christian Reinhard und Julian Muxfeldt, Schüler des Detlefsengymnasiums, veröffentlichen hier nun ihren im März 2020 gehaltenen Vortrag über einen Mord am Bahnhof Glückstadt, der in den letzten Tagen des Zweiten Weltkrieges verübt wurde. Der SS-Angehörige Hermann Christoph Kleemann aus Dithmarschen erschoss bei einem Stopp eines Häftlingstransports kaltblütig einen Mann. Mit dieser umfangreichen Arbeit nahmen die Schüler am 26. Geschichtswettbewerb der Körber-Stiftung teil. Wie entstehen gesellschaftliche Krisen? Wie wirken sie sich auf das Leben der Menschen aus und welche historische Bedeutung bekommen sie damit? Frank-Walter Steinmeier rief Kinder und Jugendliche auf, sich im Rahmen des Geschichtswettbewerbs des Bundespräsidenten mit genau solchen Fragen zu beschäftigen. Vom 1. September 2018 bis zum 28. Februar 2019 konnten alle Unter-21-Jährigen in Deutschland zum Thema „So geht's nicht weiter. Krise, Umbruch, Aufbruch" auf historische Spurensuche gehen. Mit diesem Beitrag der Schüler ist dieses Projekt aber noch nicht abgeschlossen. 2021/22 wird nun auf Initiative der Schüler eine Tafel am Bahnhof an diese Tat erinnern. Dieser Mord wird zudem auch ein Thema in einer großen Ausstellung im Detlefsen-Museum sein. Aktionen wie diese halten die Erinnerung wach.

Borsfleth im November 2021   *Christian Boldt und Jens Binckebanck*

Hermann Kleemann – oder die Selbstwahrnehmung eines Mörders

Tim Laatz, Dominik Maik, Jelle Christian Reinhard

und Julian Muxfeldt

I Einleitung

Die Nationalsozialisten verübten Verbrechen gegen die Menschlichkeit in einem bis dahin unbekannten Ausmaß. Diese sind bis heute nicht vollständig aufgearbeitet und es ist fraglich, ob dies überhaupt möglich sein wird.

Der erste Versuch einer solchen Aufarbeitung wurde 1945 in Nürnberg getan, hier wurden Hauptkriegsverbrecher verurteilt und nationalsozialistische Organisationen als verbrecherisch erklärt.[1] Eine der berüchtigtsten war dabei zweifelsohne die Schutzstaffel (SS) bzw. deren Teilorganisationen, der die Verwaltung und Bewachung der Konzentrationslager (KZs) oblag.[2] In solchen war der SS-Oberscharführer Hermann Kleemann in verschiedensten Positionen tätig, wobei er sich bis zur Niederlage des NS-Staates unzähliger Verbrechen schuldig machte. Diese Niederlage markiert einen zentralen Umbruch innerhalb der

---

1 Vgl.: *Torben Fischer, Matthias N. Lorenz (Hg.): Lexikon der „Vergangenheitsbewältigung" in Deutschland, Debatten- und Diskursgeschichte des Nationalsozialismus nach 1945, S.21, transcript Verlag 2009, Aufl. 2.*

2 Vgl.: *„Enzyklopädie des Holocaust", hrsg. von Israel Gutman et al. Bd. 3 München 1995 S.1363ff.*

deutschen Geschichte, der für viele der einstigen Täter eine Krise ihrer bisherigen Selbstwahrnehmung als überzeugte und willfährige Nationalsozialisten mit sich führte. Im Angesicht der drohenden Ahndung ihrer Verbrechen durch anfänglich alliierte, später deutsche Gerichte flüchteten sie sich häufig in Selbstbetrug und Lügen. Ausdruck dessen ist das Zitat, das Kleemann im Rahmen seiner Zeugenaussage über das Nebenlager Janinagrube in den staatsanwaltlichen Ermittlungen im Auschwitzprozess 1961 zuzuordnen ist: „Es war ja schließlich so, daß alle Häftlinge in diesem Nebenlager bleiben wollten, weil sie es hier gut hatten."[3]

Diese Aussage steht im diametralen Gegensatz zu den Aussagen ehemaliger Häftlinge, wie zum Beispiel der von Abram Nuss: „Dieser Oberscharführer war ein Menschenfresser, einer der schlimmsten Menschen, die ich kenne."[4]

Die folgende Arbeit stellt sich die Aufgabe, den Werdegang Kleemanns innerhalb des nationalsozialistischen Lagersystems darzustellen und hierauf aufbauend seine Verteidigungsstrategie der Selbstexkulpation in der Nachkriegszeit und Bundesrepublik aufzuzeigen. Hierzu werden zuerst Kleemanns „frühe Jahre" sowie seine darauf folgenden Tätigkeiten in Auschwitz und diversen Nebenlagern aufgegriffen und danach die Todesmärsche und Räumungstransporte im Jahr 1945 thematisiert. Schließlich wenden wir uns der Nachkriegszeit zu und deren justiziellen „Aufarbeitung" seiner Verbrechen.

II Frühe Jahre des Hermann Kleemann

Hermann Christoph Kleemann wurde am 26.09.1915 in Westdorf im Kreis Dithmarschen (Schleswig-Holstein) geboren. Der Sohn eines Reichsbahnangestellten besuchte dort neun Jahre die Volksschule und absolvierte anschließend eine Fleischerlehre in Hohenwestedt, die er 1935 mit der Gesellenprüfung abschloss. Im selben Jahr meldete er sich

---

3   *Vgl.: Vernehmung Hessisches Hauptstaatsarchiv Wiesbaden AV HHStAW 461 Nr. 37638/45 Hauptakten Bd. 44 Bl. 7779.*

4   *Nieders. Hauptstaatsarchiv Hannover Nds. 721 Hannover Acc. 2007/082 Nr. 11, Staatsanwaltschaft bei dem Landgericht Hannover, Strafsache gegen Niemeyer, Kleemann u.a. wegen Mordes.*

zur SS-Verfügungstruppe.[5] Diese war auf „innere" Aufgaben beschränkt und unterstand bis zur Umgestaltung in eine Division 1938 militärisch dem Reichsinnenminister.[6]

Die SS als solche wurde 1925 ins Leben gerufen und seit 1929 zu einer „Eliteformation" ausgebaut. Sie wurde als Verkörperung nationalsozialistischer „Herrenmenschenideologie" gesehen und verstand sich selbst als „Sippschaft" mit der Aufgabe der Bewahrung der „Blutreinheit". Dabei bediente die SS einen Ahnenkult mit pseudo-religiösen Tendenzen. Später übernahm sie zudem die alleinige Zuständigkeit über die Konzentrationslager sowie deren Außenlager.[7] Kleemann kam zur 6./SS-Germania bei Arolsen. Von 1935 bis 1937 war er dort kaserniert. Nach einer Versetzung im Jahre 1937 wurde er in Hamburg zum SS-Rottenführer befördert, die Versetzung geschah vermutlich aus Zwecken der weiteren Ausbildung. Als er diese beendet hatte, wurde er wieder nach Arolsen beordert.[8] Zum damaligen Zeitpunkt war das volle Ausmaß der verbrecherischen Dimension, welche die SS bis 1945 begehen würde, nicht absehbar. Es gab nur wenige Menschen, die diese Verbrechen „aus vollem Herzen bejahten"[9], daher bleibt das Verhalten der übrigen Gruppe erklärungsbedürftig. Die Erklärungsansätze reichen z.B. von der „kumulativen Radikalisierung", dass es ganz „normale Männer" seien, die unter Gruppendruck handelten, bis zu einem dezidierten SS-Schulungsprogramm mit dem „Ausbildungsziel Judenmord"[10]. Über die Motivation Kleemanns ließen sich dabei zwar Überlegungen anstellen, jedoch wäre keine davon abschließend als „richtig" oder „falsch"

---

5 *Vgl.: Bundesarchiv BArch R9361-III-96670; BArch Z42IV-2026.*

6 *Vgl.: Paul Hoser :Schutzstaffel (SS), 1925-1945, Historisches Lexikon Bayerns, https://www.historisches-lexikon-bayerns.de/Lexikon/Schutzstaffel_(SS),_1925-1945#Die_Totenkopfv erb.C3.A4nde, zuletzt aufgerufen am 23.02.2019.*

7 *Vgl.: Arnulf Scriba: Die Schutzstaffel (SS), Deutsches Historisches Museum, Berlin, 15. Mai 2015, https://www.dhm.de/lemo/kapitel/ns-regime/ns-organisationen/ss/, zuletzt aufgerufen am 18.02.2019.*

8 *Vgl.: Bundesarchiv BArch R9361-III-96670; Bundesarchiv BArch Z42IV-2026.*

9 *Vgl.: Hannah Arendt: Was heißt persönliche Verantwortung in einer Diktatur, Piper Verlag, S.33.*

10 *Vgl.: Bastian Hein: Elite für Volk und Führer, Die Allgemeine SS und ihre Mitglieder 1925-1945, Oldenburg Verlag München 2012, S.6.*

zu bewerten, da die genauen Beweggründe, die seinen Taten zugrunde lagen, wohl nur von ihm selbst zu benennen gewesen wären. Hermann Kleemann wurde neben seiner Zugehörigkeit zur SS 1937 auch Mitglied in der NSDAP (Mitgliedsnr. 4629413)[11].

III Auschwitz

Der 1. September 1939 führte mit dem Überfall auf Polen zum Ausbruch des Zweiten Weltkrieges. Ziel des Überfalls war die vollständige „Germanisierung" Polens, welche innerhalb weniger Generationen umgesetzt werden sollte.[12] Dieser Angriff war nicht zuletzt wegen des Nichtangriffspaktes zwischen dem „Dritten Reich" und der UdSSR ermöglicht worden.[13] Zu diesem Überfall wurde auch Hermann Kleemann eingesetzt. Obwohl seine reguläre Dienstzeit 1939 hätte enden sollen, wurde er aufgrund des sich anbahnenden Krieges nicht entlassen und der Waffen-SS unterstellt.[14] Im Oktober 1939 war er mit seiner Einheit in Beroun bei Prag stationiert. Dort stellte er beim „Rasse- und Siedlungshauptamt der SS" einen Antrag auf eine Erlaubnis zur Kriegshochzeit, denn SS-Angehörige durften, getreu dem Leitsatz einer „arischen Elite" nur dann heiraten, wenn die Ehe von oberer Stelle genehmigt wurde. Am 18.10.1939 wurde die Hochzeit freigegeben und sechs Tage darauf heiratete Kleemann Emmy W.[15] Ab dem 19.01.1940 befand er sich aufgrund einer Verwundung, die er sich am Knie zuzog, im Lazarett Berlin-Lichterfelde.[16] In den folgenden Monaten ist seine genaue

11   Vgl.: Bundesarchiv BArch R9361-III-96670.

12   Vgl.: Gideon Greif, Peter Siebers, NS-Dokumentationszentrum der Stadt Köln in Zusammenarbeit mit dem staatlichen Museum Auschwitz-Birkenau (Hrsg.): Todesfabrik Auschwitz, Topografie und Alltag in einem Konzentrations- und Vernichtungslager, Emons Verlag 2016, S.28.

13   Vgl.: Alexander Emmerich, Kay Peter Jankrift, Bernd Kockerols, Wolfdietrich Müller: Deutsche Geschichte, Menschen, Ereignisse, Epochen, Bundeszentrale für politische Bildung, S.243.

14   Vgl.: Bundesarchiv BArch Z42IV-2026.

15   Vgl.: Bundesarchiv BArch R9361-III-96670.

16   Vgl.: Bundesarchiv BArch Z42IV-2026.

Verwendung unklar. Ab 1941 war Kleemann dann in der Kommandantur des Konzentrationslagers Auschwitz tätig.[17]

Die Wehrmacht errichtete kurze Zeit nach dem deutschen Überfall auf Polen in den besetzten Gebieten ein brutales Besatzungsregime. Die hier durchgeführten Verhaftungen polnischer Gefangener überlastete die verfügbaren Kapazitäten der Gefängnisse. Als Reaktion darauf befahl der Reichsführer der SS, Heinrich Himmler, die Suche nach geeigneten Standorten für Konzentrationslager auch in der Region Kattowitz. Aufgrund der Eigenschaften als Verkehrsknotenpunkt wurde bei der Stadt Oświęcim (dt. Auschwitz) ein Konzentrationslager eingerichtet. Am 14. Juni 1940 ging Auschwitz erst als Quarantäne- beziehungsweise Durchgangslager in Betrieb. Anfänglich war eine Kapazität von 10.000 Häftlingen vorgesehen. Zum Kommandanten des Komplexes ernannte Heinrich Himmler am 4. Mai den SS-Hauptsturmführer Rudolf Höß, welcher bis 1941 für etwa 10.900 Häftlinge verantwortlich war. Von ihnen verstarb ein Großteil an Hunger sowie durch Folter und Ermordung.[18]

Die Entwicklung der I.G. Farben Werke bei Auschwitz spielte eine wichtige Rolle innerhalb der „Germanisierungspläne" und der damit verbundenen Ansiedlung Deutscher aus dem „Altreich". Die Region um Auschwitz sollte zum Vorzeigeprojekt, zum „Bollwerk des Deutschtums im Osten" werden. Ein großer Profiteur dieser Politik war die I.G. Farben, ein Zusammenschluss der deutschen Chemieproduzenten: BASF, Bayer-Leverkusen, Agfa, usw. Im Februar 1941 beschloss die I.G. Farben den Bau des Werkes „Buna IV" bei Monowice (dt. Monowitz), um den synthetischen Kautschuk „Buna-S" und synthetischen Treibstoff produzieren zu können. Der Standort eignete sich unter anderem wegen des Arbeitskräftepotentials in den dortigen Konzentrationslagern.[19] Dadurch konnte das Bauvorhaben im jedem nur erdenklichen Ausmaße von der Zwangsarbeit der KZ-Häftlinge unterstützt werden. Im

---

17 Vgl.: *Vernehmung Hessisches Hauptstaatsarchiv Wiesbaden AV HHStAW 461 Nr. 37638/45 Hauptakten Bd. 44 Bl. 7776ff.*

18 Vgl.: *Wolfgang Benz und Barbara Distel: Der Ort des Terrors Bd. 5, C.H. Beck, S. 80f.*

19 Vgl.: *Wolfgang Benz und Barbara Distel: Der Ort des Terrors Bd. 5, C.H. Beck, S. 87f.*

Jahre 1942 entschloss man sich dazu, angrenzend an das Werk der I.G. Farben ein weiteres Konzentrationslager zu bauen, das „KZ Buna", später KZ Monowitz. Den Bau regte die I.G. Farben selbst an. Grund dafür war die Entfernung von sechs Kilometern zum Stammlager Auschwitz, aus dem die Häftlinge zu Fuß kommen konnten.[20]

Währenddessen wurde ab 1941 mit dem Bau des Lagers Birkenau begonnen, welches eine anfänglichen Kapazität von 50.000 Häftlingen besaß und bis auf 200.000 aufgestockt werden konnte. Im Konzentrationslager Birkenau ließ Rudolf Höß anfänglich nur provisorische Gaskammern und Krematorien errichten. Deshalb wurden Leichen zu Beginn meist in das Krematorium des Stammlagers (Auschwitz I) gebracht. Im Laufe der Zeit wurden in Birkenau neue Gaskammern und Krematorien erbaut. Mit der „Endlösung der Judenfrage" 1941 wurde noch im gleichen Jahr die Ermordung der europäischen Juden beschlossen und die Lager um Auschwitz wurden zum Zentrum der Ermordung erkoren, noch bevor der Völkermord in der Wannseekonferenz am 20.1.1942 im Detail organisiert wurde. Das Morden folgte dabei der Maxime „Vernichtung durch Arbeit und Hunger", aber auch der Tod durch Folter, unmenschliche Experimente oder Gas wurden angewandt. Insgesamt umfasste der Komplex um das Stammlager Auschwitz I, 45 Nebenlager.[21]

Die zwei größten Lager neben dem Stammlager Auschwitz I hießen somit Auschwitz II: Birkenau und Auschwitz III: Monowitz, diese wurden 1944 zu eigenständigen Konzentrationslagern mit eigener Leitung[22].

20 Vgl.: Gideon Greif, Peter Siebers, NS-Dokumentationszentrum der Stadt Köln in Zusammenarbeit mit dem staatlichen Museum Auschwitz-Birkenau (Hrsg.): Todesfabrik Auschwitz, Topografie und Alltag in einem Konzentrations- und Vernichtungslager, Emons Verlag, S.292.

21 Vgl.: Jenny Oertle, Deutsches Historisches Museum, Berlin, 15.05.2015, https:// www.dhm.de/lemo/kapitel/der-zweite-weltkrieg/voelkermord/konzentrations- und-vernichtungsla ger-auschwitz.html, zuletzt aufgerufen am 25.02.2019.

22 Vgl.: Bernd C. Wagner: IG Auschwitz. Zwangsarbeit und Vernichtung von Häftlingen des Lagers Monowitz 1941-1945. München 2000, S.11.

Das durchorganisierte Morden der Nationalsozialisten kostete alleine im gesamten Komplex Auschwitz über eine Millionen Menschen das Leben. 90 Prozent davon waren Juden.[23]

In den Kommandanturarrest in Block 11 des Stammlagers Auschwitz I kamen vornehmlich Häftlinge, bei denen Verdacht auf Beteiligung an einer Widerstandsbewegung bestand. In Block 11 befanden sich ein Quadratmeter große Stehzellen, in denen Häftlingen oft über Tage eingesperrt wurden.

Nach der Folter in der Vernehmungsabteilung wurden viele Gefangene im Innenhof zwischen Block 10 und 11 an der sogenannten „Schwarzen Wand" erschossen. Block 11 war zudem der Ort, an dem 1941 die ersten Versuchsvergasungen mit dem Giftgas Zyklon-B stattfanden, welches zum Erstickungstod führt.[24]

Hermann Kleemann selbst verheimlichte anfangs seine Tätigkeit im Stammlager Auschwitz. Stattdessen ist er laut eigenen Aussagen ab 1940 in diversen Ersatz- und Ausbildungseinheiten innerhalb der Grenzen des „Altreichs" gewesen.[25] Dies lässt sich allerdings durch eine Vielzahl von Zeugenaussagen der staatsanwaltlichen Ermittlung zum Tatkomplex des Auschwitz-Nebenlagers Janinagrube widerlegen. So gibt der Zeuge Karl Müller im Zuge seiner Vernehmung 1975 an, dass „er [Kleemann] im Hinrichtungskommando an der schwarzen Wand arbeitete [...][und][...] die Hinrichtungen durch Erschießen [durchführte]."[26] Auch der Zeuge Dr. Walter Löbner berichtet: „An den Massenerschießungen im Block 11 des Konzentrationslagers Auschwitz haben sich die SS-Oberscharführer Kleemann, später Lagerführer in Janina, und SS Unterscharführer Schmidt [...] beteiligt".[27]

23 Vgl.:Jenny Oertle, Deutsches Historisches Museum, Berlin, 15.05.2015, https://www.dhm.de/lemo/kapitel/der-zweite-weltkrieg/voelkermord/konzentrations-und-vernichtungsla ger-auschwitz.html, zuletzt aufgerufen am 25.02.2019.

24 Vgl.: Wolfgang Benz und Barbara Distel: Der Ort des Terrors Bd. 5, C.H. Beck, S. 104f.

25 Vgl.: Bundesarchiv BArch Z42IV-2026.

26 Nds. 721 Hannover Acc. 2007/082 Nr. 11 Bl. 145, Staatsanwaltschaft bei dem Landgericht Hannover, Strafsache gegen Niemeyer, Kleemann u.a. wegen Mordes.

27 Zeugenaussage AV HHStAW 461 Nr. 37638/30 Bd. 29 Bl. 4968.

Der ehemalige Häftling Max Kasner bestätigt dies: „Der Genannte [Kleemann] war Mitglied des Hinrichtungszuges auf dem Hof des 11. Blockes in Auschwitz. Auch in Janinagrube zeigte er seine Grausamkeit in unzähligen Fällen [...], ja auch durch Hinrichtung von Häftlingen."[28] Aus einem Bericht des Polizeimeisters der Direktion Brunsbüttelkoog vom 22.7.1947 geht darüber hinaus hervor, dass Kleemanns Frau am 5.5.1941 von Eddelak in Schleswig-Holstein nach Auschwitz gezogen ist.[29] In späteren Verfahren gibt Kleemann seine Verwendung in Auschwitz selber zu: „Ich glaube, es war im Jahre 1941, als ich zur Kommandatur ins KL-Auschwitz versetzt wurde.[30] Zu diesen Zugeständnissen wurde er aufgrund von Zeugenaussagen gezwungen.

IV Eintrachthütte

Im Sommer 1943 kam Kleemann vom Stammlager Auschwitz in das Außenlager Eintrachthütte. Das Lager, welches nahe der polnischen Stadt Schwientochlowitz lag, wurde durch die Oberschlesische Maschinen- und Waggonfabrik AG (OSMAG) verwaltet.[31] Im Lager waren zwischen 800 und 1500 Häftlinge interniert, die in fünf Baracken untergebracht waren. Das Lager wurde mit einem elektrisch geladenen Zaun umgeben. Ab September 1943 wurden zusätzlich gemauerte Wachttürme errichtet.[32] Etwa 90% der Häftlinge des Lagers Eintrachthütte wurden bei der Fertigung von Kriegsgerät eingesetzt, so beispielsweise zum

---

28 *Zeugenaussage Nds. 721, Acc. 2007/082 Nr.4 Bl. 32, Staatsanwaltschaft bei dem Landgericht Hannover, Strafsache gegen Niemeyer, Kleemann u.a. wegen Mordes.*

29 *Vgl.: Bundesarchiv BArch Z42IV-2026.*

30 *Vgl.: Vernehmung AV HHStAW 461 Nr. 37638/45 Hauptakten Bd. 44 Bl. 7777.*

31 *Vgl.: Nds. 721 Hannover Acc. 2007/082 Nr. 10; Vgl.: Wolfgang Benz und Barbara Distel: Der Ort des Terrors Bd. 5, C.H. Beck Verlag München 2007 S. 211.*

32 *Vgl.: Wolfgang Benz und Barbara Distel: Der Ort des Terrors Bd. 5, C.H. Beck Verlag München 2007 S. 213.*

Bau des 8,8 mm Flakgeschützes.[33] Kleemann war dort Rapportführer[34] und gehörte zur Wachmannschaft des Lagers, damals im Rang eines „SS-Scharführers".[35] Dabei habe er im Lager öfters Häftlinge geschlagen und misshandelt.[36] „Strafen, wie Prügelstrafe und Exekution durch Erhängen, wurden bei uns im Lager durchgeführt"[37], gibt der Zeuge Max Rikoff bei seiner Vernehmung an. So soll Kleemann am 23.12.1943 einen Häftling fast blind geschlagen haben, woraufhin dieser auf das Krankenrevier gebracht werden musste. Am Folgetag sei Kleemann dann in den Krankenbau gestürmt, um den Häftling nach Auschwitz Birkenau deportieren zu lassen, was dessen sicheren Tod in den Gaskammern bedeutete.[38] Der Häftlingsarzt Dr. med. L. Eitinger schilderte diese und noch weitere Gräueltaten Kleemanns in einem Brief an den Autoren und Mitbegründer des Auschwitz-Komitees Hermann Langbein in aller Ausführlichkeit: „Am Weihnachtsabend 1943 war der S.D.G. [Sanitätsdienstgrad] Wloka verreist. Kleemann, der mit Wloka nicht auf gutem Fuße stand, weil dieser sich nicht in den Krankenbau vom Rapportführer hineinreden lassen wollte, benutzte die Gelegenheit, im Krankenbau aufzuräumen`. Es handelte sich hier speziell um einen Häftling, der am Tage vorher von Kleemann so geschlagen worden war, dass er [...] schwere Blutungen in den Augen hatte [...]. Kleemann behauptete, dies sei Sabotage, holte den Häftling hinaus [und hat] ihn nach Birkenau

33 *Vgl.: Zeugenaussage Hessisches Hauptstaatsarchiv Wiesbaden AV HHStAW 461 Nr. 37638/23 Hauptakten Bd. 22 Bl. 3574-3583.*

34 *Der Rapportführer war zuständig für den Zählappell am Morgen und Abend, ebenso musste er die Lagerstrafen an den Häftlingen vollziehen. Vgl.: Eugen Kogon: Der SS-Staat. Das System der deutschen Konzentrationslager. Heyne Verlag 1988.*

35 *Vgl.: Ernst Klee, Auschwitz Täter, Gehilfen, Opfer und was aus ihnen wurde. Ein Personenlexikon, S.Fischer Verlag, Kleemann, Hermann, S.216f.; Vgl.: Zeugenaussage AV HHStAW461 Nr. 37638/23 Hauptakten Bd. 22 Bl. 3574-3583.*

36 *Vgl.: Zeugenaussage Hessisches Hauptstaatsarchiv WiesbadenAV HHStAW 461 Nr. 37638/23 Hauptakten Bd. 22 Bl. 3574-3583.*

37 *Ebenda.*

38 *Vgl.: Nds. 721 Hannover Acc. 2007/082 Nr. 10, Bl. 119ff., Staatsanwaltschaft bei dem Landgericht Hannover, Strafsache gegen Niemeyer, Kleemann u.a. wegen Mordes.*

ins Krematorium geschickt."[39] Darüber hinaus schildert Dr. Eitinger Folgendes: „Eines Tages zeigte es sich, dass [in] einem [Häftlings-]Block [...] gestohlen wurde. Kleemann und der Blockführer des Blockes stellten sich an die Eingangstür des Blockes mit schweren Knüppeln, während der Lagerälteste[40] alle Blockinsassen hinausjagte. Die Schläge fielen wild auf alle. Nachdem alle draußen waren, wurden sie wieder hineingejagt und dies wiederholte sich, bis die ‚armen SS-Leute nicht mehr die Arme bewegen konnten', erzählte uns nachher der Lagerälteste. Als Folge dieser Behandlung hatten wir auf dem Krankenbau wenigstens fünfzehn bis zwanzig Verwundete mit schweren Verletzungen. Wie viele von denen nach Birkenau geschickt wurden, kann ich nicht genau sagen."[41] Auch im Zuge von Selektionen wurden Häftlinge in die Gaskammern dieses Vernichtungslagers verbracht, die Entscheidung oblag dabei dem Lagerarzt.[42]

Während seiner Zeit als Rapportführer in Eintrachthütte wurde Kleemann am 5.9.1943 das „Kriegsverdienstkreuz 2. Klasse mit Schwertern" verliehen.[43] Dabei ist herauszustellen, dass dieser Orden nicht für kriegerische Tätigkeiten an der Front verliehen wurde, sondern für anderweitige Handlungen im rückwärtigen Gebiet der Front und in den besetzten Gebieten. So trugen unter anderem viele „Schreibtischtäter" und Führungspersonen der Konzentrationslager diese Auszeichnung. Der Zusatz „mit Schwertern" deutet zudem auf eine Verwicklung in-

---

39 *Ebenda.*

40 *Die Lagerältesten waren so genannte Funktionshäftlinge. Sie unterstanden direkt der Lagerleitung. Der Lagerälteste war der höchste Posten, den ein Häftling erreichen konnte. Dieser war für den reibungslosen Tagesablauf im KZ zuständig. Vgl.: Stanislav Zámečník: Das war Dachau, Fischer Taschenbuch 1. Auflage 2003, S. 154.*

41 *Vgl.: Nds. 721 Hannover Acc. 2007/082 Nr. 10, Bl. 119ff., Staatsanwaltschaft bei dem Landgericht Hannover, Strafsache gegen Niemeyer, Kleemann u.a. wegen Mordes.*

42 *Ebenda.*

43 *Vgl.: Ernst Klee; Auschwitz; Täter, Gehilfen, Opfer und was aus ihnen wurde. Ein Personenlexikon. S. Fischer Verlag 2013 S.217.*

Massaker und Verbrechen gegen die Zivilbevölkerung hin.[44] Es ist somit zu vermuten, dass Kleemann das Kriegsverdienstkreuz wegen seiner Tätigkeiten im Konzentrationslager-System verliehen bekam.

Im Januar 1945 wurde das Lager, im Zuge der Evakuierung aller oberschlesischen Lager, geräumt. Die Häftlinge mussten zuerst zu Fuß ca. 7km bis nach Ruda Śląska (dt. Friedenshütte) marschieren, um dann von dort aus mit einem Zug weiter zum Konzentrationslager Mauthausen gebracht zu werden.[45]

Kleemann selbst verließ das Lager im Zuge seiner Versetzung nach Janinagrube bereits im Frühjahr 1944.[46]

V Janinagrube

In dem Außenlager Janinagrube wurde Hermann Kleemann Lagerleiter. Dort mussten Häftlinge im gleichnamigen Bergwerk Zwangsarbeit verrichten. Das Lager, welches bis August 1943 als Internierungslager für britische Kriegsgefangene diente, war ca. 18km von Auschwitz entfernt nahe der Stadt Libiąż errichtet worden. Ab dem 4.9.1943 wurde es erstmals von offizieller Seite als Außenlager des KZ Auschwitz bezeichnet. Es wurde auf Initiative der I.G.Farben erbaut, welche die in Janinagrube abgebaute Steinkohle zur synthetischen Treibstoffherstellung ihrer beim KZ Auschwitz III Monowitz ansässigen Buna-Werke benötigte. Die Anzahl der Häftlinge betrug ab Sommer 1944 bis zur Auflösung im Januar 1945 etwa 800 bis 900. Die ausschließlich männlichen und größtenteils jüdischen Häftlinge waren in Massivbauten untergebracht, die ursprünglich Teil einer Bergarbeitersiedlung waren. Ergänzt wurde das Lager durch drei aus Holz errichtete Baracken. Dort befand sich zudem ein Häftlingskrankenbau. Umzäunt wurde das Lager, wie schon in Eintrachthütte, von einem doppelten und elektrisch geladenen Stachel-

---

44   Vgl.: Dieter Pohl, DIE ZEIT, 05.06.2008 Nr. 24, *https://www.zeit.de/2008/24/ Eisernes-Kreuz/seite-3, zuletzt aufgerufen am 24.02.2019.*

45   Vgl.: Nds. 721 Hannover Acc. 2007/082 Nr. 10 Bl. 147-155, Staatsanwaltschaft bei dem Landgericht Hannover, Strafsache gegen Niemeyer, Kleemann u.a. wegen Mordes.

46   Vgl.: Ernst Klee; Auschwitz; Täter, Gehilfen, Opfer und was aus ihnen wurde. Ein Personenlexikon. S. Fischer Verlag 2013 S.217.

drahtzaun, der an allen vier Ecken Wachttürme hatte. Die Unterkünfte der aus rund 50 Mann bestehenden SS-Wachmannschaften sowie deren Verwaltungsgebäude befanden sich außerhalb des Gefangenenlagers. Die Häftlinge waren in drei Schichten zu je acht Stunden eingeteilt. Zu Beginn ihrer Schicht wurden sie durch SS-Männer vom Häftlingslager in das nahe gelegene Bergwerk gebracht und nach der Beendigung der Arbeit wieder in das Lager zurückgeführt. Nur selten begaben sich SS-Angehörige selbst unter Tage, um die dortigen Arbeiten zu kontrollieren. Dazu wurden Funktionshäftlinge eingesetzt. Die Janinagrube bestand aus drei Schachtanlagen, namentlich „Viktor", „Alexander" und „Sigmund". Neben dem eigentlichen Kohleabbau mussten die Gefangen auch Zwangsarbeit beim Entwässern der Stollen sowie bei der Bedienung der elektrischen Grubenanlage verrichten, was zumeist ohne Schutzkleidung geschah.[47] Teilweise standen sie bis über die Gürtellinie im Wasser. Dazu kamen Misshandlungen durch die Wachmannschaften und deren Handlanger, sodass die durchschnittliche Lebenserwartung bei Ankunft im Lager bei einem Monat gelegen haben soll.[48]

Mit der Übernahme dieses Außenlagers im März 1944 löste Kleemann, damals im Rang eines Oberscharführers, den bisherigen Lagerleiter und SS-Unterscharführer Franz Baumgartner ab. Dieser galt unter Gefangenen als „[…] eine positive Ausnahme unter den SS-Leuten […,da er...] sich als Lagerführer immer sehr anständig gegenüber den Häftlingen verhalten [...hat...]."[49] Kleemann hingegen war unter den Häftlinge gefürchtet. „[…] Er war das genaue Gegenteil von Baumgartner, der ein sehr anständiger Mensch war. Für den Oberscharfüh-

---

47 Vgl.: Wolfgang Benz und Barbara Distel: Der Ort des Terrors Bd. 5, C.H. Beck, S. 256ff.; Vgl.: Nds. 721 Hannover Acc. 2007/082 Nr. 13, Bl. 116-118, Staatsanwaltschaft bei dem Landgericht Hannover, Strafsache gegen Niemeyer, Kleemann u.a. wegen Mordes.

48 Vgl.: Ernst Klee: Auschwitz, Täter, Gehilfen, Opfer und was aus ihnen wurde, S. Fischer, S.216f.

49 Vgl.: Nds. 721 Hannover Acc. 2007/082 Nr. 8 Bl. 81ff.; Zeugenaussage: Herr Abram Nuss, Staatsanwaltschaft bei dem Landgericht Hannover, Strafsache gegen Niemeyer, Kleemann u.a. wegen Mordes.

rer [Kleemann] bedeutet es gar nichts, Menschen zu erschießen [...]."[50] Dass Baumgartner „eine positive Ausnahme" unter den SS Angehörigen war, wird durch den Vorwurf konterkariert, dass dieser im Winter 1943/44 in zehn bis zwölf Fällen Häftlinge nackt zwischen den elektrisch geladenen Stacheldrahtzaun stellen ließ, bis diese aufgrund von Frosteinwirkung zu Tode kamen.[51]

Die Gefangenen mussten zwar bereits unter der vorherigen Lagerleitung zu den unmenschlichen Konditionen Zwangsarbeit verrichten, jedoch geht aus zahlreichen Zeugenaussagen verstärkt hervor, dass Kleemann als besonders grausamer und brutaler „Henkersknecht"[52] galt. Er war unter den Häftlingen gefürchtet: „Kleemann war aus meiner Sicht Sadist. [...] Wenn ich ihn als Sadisten bezeichne, so ist das schwer zu belegen durch Fakten. Geschlagen haben sie ja schließlich alle, Kleemann aber mit besonderer Brutalität und nach meinem Eindruck mit Freude daran,"[53] schrieb der Zeuge Fred Sarne.

Eugeniusz Cieckiewicz nannte Kleemann ebenfalls einen Sadisten, welcher grundlos auf Häftlinge schoss und dabei immer betrunken gewesen sei.[54]

Eine weitere Vorliebe Kleemanns sei zudem das Austragen von Boxkämpfen gewesen. Diesen habe er mindestens im Sommer 1944 mitsamt der Grubenleitung beigewohnt, erinnerte sich der Zeuge Max Kas-

50 *Nds. 721 Hannover Acc. 2007/082 Nr. 11, Staatsanwaltschaft bei dem Landgericht Hannover, Strafsache gegen Niemeyer, Kleemann u.a. wegen Mordes.*

51 *Nds. 721 Hannover Acc. 2007/082 Nr. 5, Bl. 522-540, Staatsanwaltschaft bei dem Landgericht Hannover, Strafsache gegen Niemeyer, Kleemann u.a. wegen Mordes.*

52 *Vgl.: Nds. 721 Hannover Acc. 2007/082 Nr. 6 Bl. 587ff.; Zeugenaussage: Zygmunt Szwajca, Staatsanwaltschaft bei dem Landgericht Hannover, Strafsache gegen Niemeyer, Kleemann u.a. wegen Mordes.*

53 *Nds. 721 Hannover Acc. 2007/082 Nr. 11 Bl. 97, Staatsanwaltschaft bei dem Landgericht Hannover, Strafsache gegen Niemeyer, Kleemann u.a. wegen Mordes.*

54 *Nds. 721 Hannover Acc. 2007/082 Nr. 6 Bl. 591ff., Staatsanwaltschaft bei dem Landgericht Hannover, Strafsache gegen Niemeyer, Kleemann u.a. wegen Mordes.*

ner.[55] Die Boxkämpfe habe er organisiert, damit er „Blut fließen sehen konnte"[56]. In Janinagrube erhielt Hermann Kleemann von den Häftlingen den Spitznamen „Revolverking",[57] was daher rührte, dass er immer schnell zu diesem gegriffen haben soll.[58] Die Pistolentasche habe er dabei stets offen getragen.[59]

Mehrere Häftlinge schildern einen Vorfall, bei dem Kleemann auf die Hand eines Gefangenen, bei dem es sich vermutlich um den Lagerältesten handelte, schoss. Dieser hatte eine Spielkarte in die Luft halten müssen, während Kleemann versuchte diese mit seiner Pistole zu treffen. Er verletzte den Häftling dabei. Dies kam laut der Zeugenaussage Jan Serafinis öfter vor: „Oft mußte ein polnischer Häftling einen Gegenstand in der ausgestreckten Hand halten, und Kleemann schoß auf den Gegenstand. Nicht immer traf er."[60] „Dieser Lagerälteste wurde später von Kleemann aus der Janinagrube abgeschoben, möglicherweise nach Auschwitz."[61] Wie in vielen Lagern und Außenlagern gab es auch in Janinagrube mehrere gescheiterte Fluchtversuche. Die Geflohenen wurden nach ihrer Ergreifung exekutiert. So trug es sich zum Beispiel zu, dass im Zuge von Ausgrabungen für ein Kanalisationssystem ein Fluchttunnel entdeckt wurde. Die dafür verantwortlichen Häftlinge

55 Vgl.: Hermann Langbein: Menschen in Auschwitz, Ullstein Verlag, 1. Auflage 1980, S. 156.
56 Nds. 721 Hannover Acc. 2007/082 Nr. 11, Bl. 145, Staatsanwaltschaft bei dem Landgericht Hannover, Strafsache gegen Niemeyer, Kleemann u.a. wegen Mordes.
57 Vgl.: Ernst Klee; Auschwitz; Täter, Gehilfen, Opfer und was aus ihnen wurde. Ein Personenlexikon. S. Fischer Verlag 2013 S.216f.
58 Vgl.: Ebenda.
59 Nds. 721 Hannover Acc. 2007/082 Nr. 5 Bl. 258ff., Staatsanwaltschaft bei dem Landgericht Hannover, Strafsache gegen Niemeyer, Kleemann u.a. wegen Mordes.
60 Nds. 721 Hannover Acc. 2007/082 Nr. 6 Bl. 582f., Staatsanwaltschaft bei dem Landgericht Hannover, Strafsache gegen Niemeyer, Kleemann u.a. wegen Mordes.
61 Nds. 721 Hannover Acc. 2007/082 Nr. 4 Bl. 145-149, Staatsanwaltschaft bei dem Landgericht Hannover, Strafsache gegen Niemeyer, Kleemann u.a. wegen Mordes.

wurden anschließend gefasst und hingerichtet. Ein weiterer Ausbruchs-
versuch zweier Häftlinge nahm ein ähnlich tragisches Ende. Die Gefangenen wurden nach geglückter Flucht in der Stadt Essen aufgegriffen
und zurück nach Janina gebracht, um dort auf dem Appellplatz[62] vor
den Augen aller Häftlinge gehängt zu werden. Die Lagerführung ver-
kündete den angetretenen Häftlingen, dass es allen so ergehen werde,
die zu fliehen wagten.[63]

In Janinagrube fanden Selektionen statt. Bei einer Vernehmung des
Zeugen Lis Chaim bezeugt dieser, dass es in mindestens drei Fällen
zu diesen gekommen sei. An den Selektionen sollen ein Lagerarzt aus
Birkenau, mehrere SS-Offiziere und die Lagerleitung der Janinagrube
und somit Kleemann beteiligt gewesen sein.[64] In einem Auszug aus
dem Sachstandsbericht vom 4.12.1972 des Staatsanwaltes König aus
Ludwigsburg heißt es dazu: „An im einzelnen nicht mehr feststellbaren
Tagen zwischen September 1943 und Januar 1945 soll es im Lager Janinagrube sowohl im Häftlingskrankenbau als auch bei Appellen mehr-
fach zu Selektionen arbeitsunfähiger und kranker Häftlinge gekommen
sein. An den Selektionen sollen Lagerführer Kleemann und Lagerführer
Baumgartner, unbekannte SS-Ärzte, möglicherweise auch aus Auschwitz, SS-Angehöriger „Heinz", SDG Miedzwieki, Sanitätsdienstgrad
Wohland sowie unbekannte SS-Anghörige beteiligt gewesen sein. Nähe-
re Erkenntnisse über die Opfer fehlen."[65] Darüber hinaus soll mindestens eine größer angelegte Selektion unter dem berüchtigten Lagerarzt

62 *Der Appellplatz war der zentrale Platz eines Konzentrationslagers. Dort wurden
    jeden Morgen und Abend die Zählung der Häftlinge durchgeführt, wenn ein
    Häftling fehlte kam es zu Kollektivstrafen auf diesem Platz. Vgl.: Stanislav
    Zámecnik: Das war Dachau. Fischer Taschenbuch, 1. Auflage 2003, S.Fischer
    Verlag.*

63 *Vgl.: Hermann Langbein: Menschen in Auschwitz, Ullstein Verlag, 1. Auflage
    1980, S.299.*

64 *Nds. 721 Hannover Acc. 2007/082 Nr. 5 Bl. 280-285, Staatsanwaltschaft bei
    dem Landgericht Hannover, Strafsache gegen Niemeyer, Kleemann u.a. wegen
    Mordes.*

65 *Nds. 721 Hannover Acc. 2007/082 Nr. 5 Bl. 522-540, Staatsanwaltschaft bei
    dem Landgericht Hannover, Strafsache gegen Niemeyer, Kleemann u.a. wegen
    Mordes.*

des Lagers Auschwitz Birkenaus, Josef Mengele, stattgefunden haben. Diese Situation beschreibt der Zeuge Max Kasner: „Zum Fall Dr. Mengele: Ich habe ihn persönlich kennengelernt. Er kam nach Janina und führte Selektionen wie im Revier, so auch im Lager aus. [...] Sommer 44 [...] führte er eine große Selektion durch und wählte aus unserem Lager Janina bei der Gesamtzahl von 1200 Häftlingen 300 aus." [66] Den Ablauf der Selektionen, welche womöglich auch wöchentlich stattfanden, beschreibt Dr. Walter Loebner wie folgt[67]: „Die Auswahl traf der Lagerführer nach eigenem Gutdünken oder auf Vorschlag des SDG. Bei den Selektionen mussten alle Häftlinge, die sich im Lager befanden, einschließlich die Insassen des Krankenbaus, bei diesem speziellen Selektions-Appell antreten. Wie ich mich erinnere, wurden die Selektierten außerhalb des Lagers in LKWs geladen und abgeführt. Niemand von den Selektierten kehrte ins Lager zurück und es war im allgemeinen bekannt, dass sie in Birkenau direkt ins Gas geführt wurden."[68]

VI Bismarckhütte

Im September 1944 wurde Kleemann in das neu errichtete Außenlager Bismarckhütte versetzt, wo er ebenfalls die Leitung übernahm. Franz Baumgartner wurde wieder Lagerführer in Janinagrube und blieb es bis zur Auflösung des Lagers am 18.1.1945. Die verbliebenen Häftlinge wurden in das Konzentrationslager Groß-Rosen gebracht.[69] Die von der Kattowitzer Aktiengesellschaft für Hüttenwesen im 19. Jahrhundert

---

66 *Nds. 721 Hannover Acc. 2007/082 Nr. 4 Bl. 32, Staatsanwaltschaft bei dem Landgericht Hannover, Strafsache gegen Niemeyer, Kleemann u.a. wegen Mordes.*

67 *Nds. 721 Hannover Acc. 2007/082 Nr. 4 Bl. 43, Staatsanwaltschaft bei dem Landgericht Hannover, Strafsache gegen Niemeyer, Kleemann u.a. wegen Mordes.*

68 *Nds. 721 Hannover Acc. 2007/082 Nr. 4 Bl. 76, Staatsanwaltschaft bei dem Landgericht Hannover, Strafsache gegen Niemeyer, Kleemann u.a. wegen Mordes.*

69 *Vgl.: Nds. 721 Hannover Acc. 2007/082 Nr. 4 Bl. 1, Staatsanwaltschaft bei dem Landgericht Hannover, Strafsache gegen Niemeyer, Kleemann u.a. wegen Mordes.*

gegründete Bismarckhütte gehörte nach dem Ersten Weltkrieg in Folge der Teilung Oberschlesiens ab 1922 zu Polen und wurde 1933 zur Batory-Hütte umbenannt. 1939 fiel diese allerdings wieder in deutsche Hand und wurde deshalb erneut umbenannt. Im Jahre 1942 wurde die Bismarckhütte Teil der Königs- und Bismarckhütte AG, ein Tochterunternehmen des halbstaatlichen Berghütten-Konzerns. Fortan wurden dort neben anderen Beschäftigten auch Kriegsgefangene zur Arbeit eingesetzt. Im Jahr 1943 wurden 800 Juden zum Bau einer Werkhalle für Teile des Panzers V "Panther" eingesetzt.[70]

Im Juni 1944 arbeiteten in der Bismarckhütte 7800 Beschäftigte, davon 1260 Kriegsgefangene und 856 Zwangsarbeiter.[71] Außerdem wurden 40 Fachleute bei der Produktion von Flakteilen, Waffenläufen und Panzerblechen beschäftigt. Im September 1944 wurde dann ein Außenlager für 200 jüdische Auschwitz-Gefangene eingerichtet. Auch diese Anlage wurde mit einem elektrisch geladenen Zaun und vier Wachtürmen gesichert.[72]

Wie bereits erwähnt wurde Hermann Kleemann im September 1944 Lagerführer des KZ-Außenlagers Bismarckhütte, in welchem sich seinerzeit zwischen 200 und 300 Häftlinge aufhielten. Nicht nur er, sondern auch seine Familie lebten seit September 1944 in einem abgetrennten Teil der Bismarckhütte.[73]

Anfangs bestand die Arbeit der Häftlinge größtenteils aus Arbeiten an der Anlage. Ab November 1944 wurden sie allerdings bei Verlade-, Transport- und Erdarbeiten eingesetzt. Im Dezember 1944 war geplant Häftlinge in einer neuen Vergüterei zu beschäftigen, um die Produktion von Geschützrohren für die Flak auszuweiten, dies wurde allerdings nie verwirklicht. Auch hier stehen die Aussagen Kleemanns den Zeugenaussagen der Häftlinge entgegen. So gaben Häftlinge an, dass es häu-

70 Vgl.: Wolfgang Benz, Barbara Distel (Hrsg.): Der Ort des Terrors. Geschichte der nationalsozialistischen Konzentrationslager. Bd. 5: Hinzert, Auschwitz, Neuengamme, S. 183.

71 Vgl.: AP Katowice, Sammlung Berghütte, Sign. 350.

72 Wolfgang Benz, Barbara Distel (Hrsg.): Der Ort des Terrors. Geschichte der nationalsozialistischen Konzentrationslager. Bd. 5: Hinzert, Auschwitz, Neuengamme, S. 183ff.

73 Ebenda.

fig zu Misshandlungen durch die Kapos[74] sowie andere SS-Mitglieder gekommen sei, dies besonders während der Essensausgabe. Außerdem sollen Arbeiten im Laufschritt unter Hetze durch Hunde sowie bizarre Kriechübungen und „Sport" zur Tagesordnung gehört haben. Diese Praktiken führten zu mindestens einem Todesfall.[75] Am 18. Januar 1945 verließ Kleemann die Bismarckhütte und trieb die Häftlinge zusammen mit dem anderen Wachpersonal zu einem mehrtägigen Todesmarsch an.[76]

VII Todesmärsche im Januar 1945

Im Angesicht der heranrückenden Roten Armee ging die SS ab Ende 1944 phasenweise dazu über, das Konzentrationslager Auschwitz und dessen Nebenlager aufzulösen. Dabei vernichteten sie einen Großteil von belastenden Akten und sonstigen Zeugnissen des Völkermords. Ab dem 17.1.1945 sollten etwa 60.000 als „arbeitsfähig" befundene Häftlinge auf sogenannten „Todesmärschen" ins „Altreich" gebracht werden. Zwischen 9.000 und 15.000 Häftlinge verstarben in dieser Phase der Evakuierung. Am 27.1.1945 befreiten die sowjetische Streitkräfte das Konzentrationslager Auschwitz.[77] Eine Beschreibung der Zustände eines solchen „Todesmarsches" legte der Zeuge Adam Malinoswki ab.

---

74 *Kapos waren so genannte Funktionshäftlinge. Sie bekamen von der KZ-Leitung die Aufgabe, die Arbeit der anderen Häftlinge zu beaufsichtigen und die Ergebnisse an die Lagerleitung weiterzuleiten. Dafür bekamen sie Vorteile gegenüber anderen Häftlingen wie mehr Nahrung oder einen Besuch im Lagerbordell. Vgl.: Kapo (KZ): https://de.wikipedia.org/wiki/Kapo_(KZ), zuletzt abgerufen am 26.02.2019.*

75 *Vgl.: Andrea Rudorff: Bismarckhütte. In: Wolfgang Benz, Barbara Distel (Hrsg.): Der Ort des Terrors. Geschichte der nationalsozialistischen Konzentrationslager. Bd. 5: Hinzert, Auschwitz, Neuengamme, S. 184f.*

76 *Wolfgang Benz, Barbara Distel (Hrsg.): Der Ort des Terrors. Geschichte der nationalsozialistischen Konzentrationslager. Bd. 5: Hinzert, Auschwitz, Neuengamme, S. 185.*

77 *Vgl.: Jenny Oertle, Deutsches Historisches Museum, Berlin, 15.05.2015, https://www.dhm.de/lemo/kapitel/der-zweite-weltkrieg/voelkermord/konzentrations-und-vernichtungsla ger-auschwitz.html, zuletzt aufgerufen am 26.02.2019.*

Er war Häftling des Auschwitz-Außenlagers Blechhammer: „Mehrere Hundert von Häftlingen kamen bei jeder Ruhepause um, sei es aus Hunger oder durch Erfrieren bzw. Erschöpfung. [...] Während des Marsches wurden täglich hundert Personen durch SS-Männer erschossen. Die Erschossenen waren Häftlinge, die keine Kraft für den weiteren Marsch mehr hatten. Außerdem hatten die SS-Männer einen großen zweirädrigen Wagen, auf dem sich die Munition und Lebensmittel für sie befanden. Diesen Wagen zogen Häftlinge. [...] Beim Vorübergehen an den Stellen, wo der Wagen fuhr, sah ich Leichen mit zertrümmerten Schädel liegen. Ich habe auch Widerhall von Schüssen gehört, die aus Richtung dieses Wagens kamen. Als wir durch den Wald in der Gegend von Rybnik marschierten, verbreitete sich das Gerücht, dass im Walde Partisanen seien. Die SS-Männer rissen damals die SS-Embleme von ihren Uniformen und gerieten in Panik. Als sie feststellten, dass das Gerücht falsch war, begannen sie sich an den Häftlingen zu rächen, vor allem an denen, die im Begriffe waren, sich durch Flucht zu retten. Die SS-Männer eröffneten das Feuer aus den Karabinern und Maschinengewehren auf die Häftlinge. Später erfuhr man, dass bei diesem Massaker ungefähr 2000 Häftlinge ermordet wurden." Kleemann nahm als Lagerleiter und damit Verantwortlicher des Außenlagers Bismarckhütte ebenfalls an einem solchen „Todesmarsch" teil.[78] Das Lager wurde in der Nacht auf den 18.1.1945 evakuiert und die „arbeitsfähigen" Häftlinge wurden mitsamt der Wachmannschaft unter Führung Kleemans auf einen Todesmarsch in das etwa 20 Kilometer entfernte Gliwice(dt. Gleiwitz) geschickt. Auch Kleemanns Frau und Kinder verließen das Lager. Viele der Häftlinge waren allerdings so erschöpft, dass sie auf dem zweitägigen Marsch durch den Schnee nicht durchhalten konnten. Diese Häftlinge wurden dann von der SS erschossen.[79] Es ist wahrscheinlich, dass dies auch auf Befehl Kleemanns geschah. Die Entscheidungen lagen bei der jeweiligen Lagerleitung, welche für ihre Befehle verantwort-

78 *Nds. 721 Hannover Acc. 2007/082 Nr. 10 Bl. 82a-87, Staatsanwaltschaft bei dem Landgericht Hannover, Strafsache gegen Niemeyer, Kleemann u.a. wegen Mordes.*

79 *Vgl.: Andrea Rudorff: Bismarckhütte. In: Wolfgang Benz, Barbara Distel (Hrsg.): Der Ort des Terrors. Geschichte der nationalsozialistischen Konzentrationslager. Bd. 5: Hinzert, Auschwitz, Neuengamme, S.185.*

Das Barackenlager des KZ Mittelbau-Dora im April 1945 nach der Befreiung
George Philipps, K.-H.-Sammlung. Schwerdtfeger KZ-Mahnmal Mittelbau-Dora.

lich zu machen ist.[80] In Gleiwitz angekommen, wurden die Häftlinge dann in Züge gepfercht, abtransportiert und in das im Harz gelegene KZ Mittelbau-Dora gebracht.[81]

VIII Mittelbau-Dora

Das Konzentrationslager Mittelbau-Dora ist ein unmittelbares Resultat des britischen Luftangriffs in der Nacht vom 17. auf den 18. August 1943 auf die Produktionsstätte der sogenannten „V-Waffen" in Peenemünde auf der Insel Usedom. Dort wurde seit 1936 eine Forschungseinrichtung

80 *Vgl.: Daniel Blatman: Die Todesmärsche 1944/45 Das letzte Kapitel des Natio-*
     nalsozialistischen Massenmordes. Rowohlt Verlag GmbH, Hamburg 2011 S.125f.
81 *Vgl.: Nds. 721 Acc. 2007/082 Nr.13 Bl. 116-118, Staatsanwaltschaft bei dem*
     Landgericht Hannover, Strafsache gegen Niemeyer, Kleemann u.a. wegen Mor-
     des.

für Raketenwaffen unter der Leitung des Ingenieurs Wernher von Braun und Walter Dornbergers unterhalten. Auch dort wurden KZ-Häftlinge eingesetzt. Unmittelbar nach dem Angriff auf Peenemünde befahl Adolf Hitler die Verlegung der „V-Waffen"-Produktion in von Luftangriffen geschützte unterirdische Räume. Die Wahl fiel auf den von der Wirtschaftlichen Forschungsgesellschaft („Wifo") unterhaltenen Kohnstein im Südharz. Dort hatte die „Wifo" seit 1936 ein unterirdisches Öl- und Schmierstofflager für die Wehrmacht errichtet. Finanziert wurde die „Wifo" durch das Reichswirtschaftsministerium.[82]

Als Arbeitskräfte für den Ausbau sowie Betrieb des Konzentrationslagers Mittelbau-Dora wurden aus dem 90 Kilometer entfernten KZ Buchenwald Häftlinge in den Harz gebracht. Am 28.8.1943 trafen die ersten 107 KZ Häftlinge am Kohnstein an. Ab Oktober desselben Jahres waren es schon 6800 Häftlinge. Da es 1943 noch keine Baracken gab, wurden die Häftlinge zuerst in Finnenzelten und später im Stollen untergebracht. Der Ausbau der Raketenfabrik hatte allgemein Vorrang vor dem sich immer weiter verzögernden Ausbau der Baracken. Dies hatte weitreichende Konsequenzen für die Häftlinge. So gab es keine Waschmöglichkeiten, während sich gleichzeitig Fäkalien und Ungeziefer ansammelten. Der Gestank aus Fäkalien sowie verwesenden Leichen war eine Qual für die Häftlinge. Es kam vor, dass in den errichteten Schlafkammern Lebende neben Leichen schliefen. Die Leichen wurden dann im Fahrstollen „A" gestapelt und abtransportiert. Die häufigsten Todesursachen waren neben Erschöpfung, Hunger und Durst auch Misshandlungen der Wachmannschaften sowie tödlich verlaufende Krankheiten. Die körperliche Verfassung der Häftlinge war als sehr schlecht anzusehen, Schlafentzug, Hunger, die täglichen Strapazen und Überanstrengungen sowie Misshandlungen führten dazu. Anders als in anderen Konzentrationslagern gab es im Mittelbau-Dora keine täglichen Zählappelle, da die SS davon ausging, dass man aus dem Kohnstein nicht fliehen könne. Von den insgesamt bis 1944 17.000 nach Dora verbrachten Häftlingen verstarben mindestens 5000, dies ergibt eine

82   Vgl.: Jens-Christian Wagner: Die Erforschung des KZ Mittelbau-Dora. In: Wolfgang Benz, Barbara Distel (Hrsg.): Der Ort des Terrors. Geschichte der nationalsozialistischen Konzentrationslager. Bd. 7: Mittelbau-Dora, C.H.BECK, München 2008, S.224 - 227.

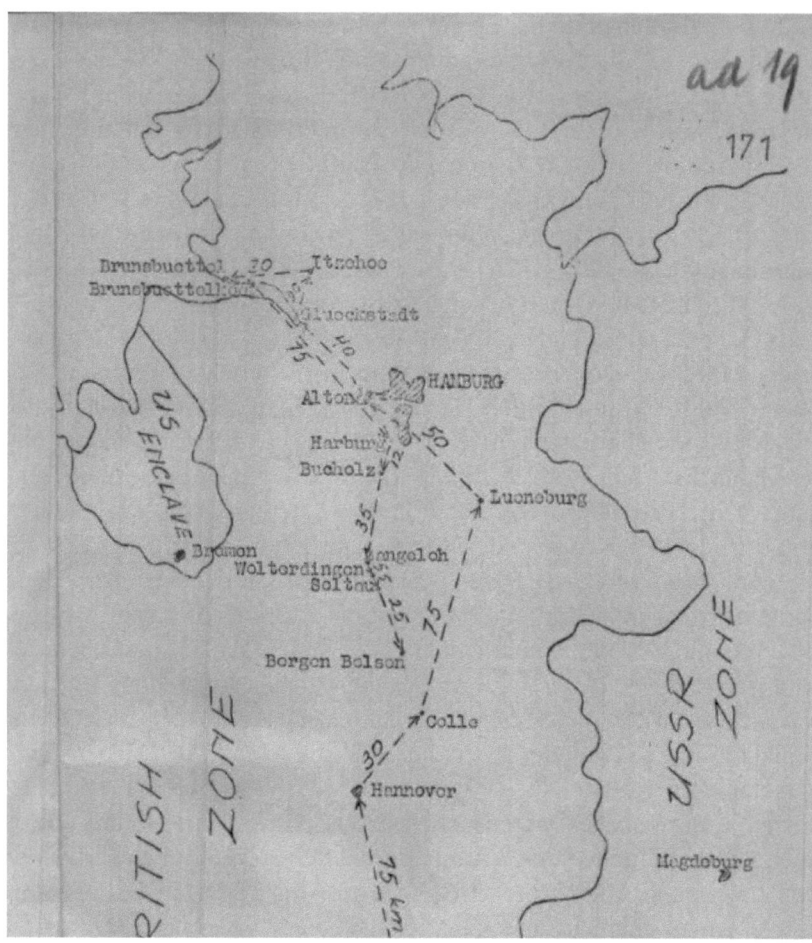

*Route des Räumungstransports aus dem Außenlager Wofflleben des KZ-Mittel-
bau-Dora nach Bergen-Belsen, erstellt 1946. © Copyright 2019 Arolsen Archives.*

Sterberate von fast einem Drittel. Im Winter 1943/44 verstarben mehr
Häftlinge als neue aus Buchenwald verlegt wurden.[83]

83 Vgl.: Jens-Christian Wagner: Wofflleben („B12"). In: Wolfgang Benz, Barbara
    in Distel (Hrsg.): Der Ort des Terrors. Geschichte der nationalsozialistischen
    Konzentrationslager. Bd.7:Mittelbau-Dora, C.H.BECK München 2008, S.228ff.

Ein Außenlager des Mittelbau-Dora-Komplexes war das Lager Woffleben. Dort war Hermann Kleemann als Lagerführer stationiert. Woffleben wurde am 3.1.1945 durch die SS auf der Nord–West–Seite des Kohnsteins errichtet. Das Bauvorhaben trug den Namen „B12". Geplant war dort der Bau einer Untertageanlage, die eine leiterförmige Stollenstruktur mit einer Fläche von 335.000 m² besitzen sollte. Mit dem Bauvorhaben „B12" wurde bereits Mitte Mai 1944 begonnen. Die für den Bau nötigen Häftlinge wurden im benachbarten Außenlager Ellrich-Juliushütte untergebracht. Bis April 1945 wurden etwa 1500 Häftlinge zwecks Ausbau der Stollen sowie des Lagers eingesetzt. Durch die Errichtung des Außenlagers Woffleben konnte die Arbeitszeit der Häftlinge verlängert werden, da die Überführung aus der Ellrich-Juliushütte wegfiel, zudem wurde das Risiko der Flucht minimiert.[84]

IX Räumungstransport von Woffleben nach Bergen-Belsen

Mit dem Vorrücken der Alliierten begann die SS auch dieses Lager aufzulösen und die Insassen auf Räumungstransporte mit Zügen und auf sogenannte Todesmärsche in andere Lager zu bringen. Kleemann war bei der Evakuierung Wofflebens Transportführer. Ziel dieses Räumungstransports war das KZ Neuengamme bei Hamburg. Dieses verweigerte die Aufnahme der Häftlinge.[85] Räumungstransporte werden die Züge genannt, die sich gegen Ende des Zweiten Weltkrieges von den Konzentrationslagern in der Nähe der Front aufgemacht haben zu anderen Konzentrationslagern im Hinterland. In diesen Zügen wurden die Häftlinge zusammengepfercht und abtransportiert, um zu verhindern, dass diese in die Hände der Alliierten fielen, um von den erlebten Gräueln zu berichten.

84 *gl.: Jens-Christian Wagner: Woffleben („B12"). In: Wolfgang Benz, Barbara in Distel (Hrsg.): Der Ort des Terrors. Geschichte der nationalsozialistischen Konzentrationslager. Bd. 7: Mittelbau-Dora, C.H.BECK München 2008, S.340f.*

85 *Martin Clemens Winter: „Dienstleistung anläßlich eines Gefangenentransportes": Polizei und Evakuierungstransporte aus Konzentrationslagern am Beispiel Brunsbüttelkoog. In: Beiträge zur Geschichte der nationalsozialistischen Verfolgung in Norddeutschland, Band 15: Polizei, Verfolgung und Gesellschaft im Nationalsozialismus Edition Temmen Bremen 2013, S. 40-49, hier S. 42.*

Der Zug, den Hermann Kleemann leitete, startete im Konzentrationslager Woffleben am 5.4.1945 mit dem eigentlichen Ziel Neuengamme. Es wurden 1.643 Häftlinge zu je 120 Personen in Viehwaggons gepfercht, welche eine Fläche von je 22 m² besaßen.[86] Der Zug fuhr 320 km in nördliche Richtung über die Städte Herzberg, Osterode, Northeim, Hannover, Celle und Lüneburg, um dann am 6.4.1945 den Bahnhof von Hamburg-Altona zu erreichen. Am 7.4.1945 wurde dann, vermutlich aus logistischen Gründen, ein Halt in Glückstadt (Schleswig-Holstein) eingelegt.[87] Dort erschoss Hermann Kleemann mit einem Genickschuss einen Häftling. Der Zeuge und Gefangene Jacek Poczman schilderte die Ereignisse am Glückstädter Bahnhof wie folgt: „Als ich aus einem Wagenfenster sah, konnte ich sehen, wie ein Zivilist mit Gewehr einen Häftling, der anscheinend entflohen war, zurück zum Zug brachte. Kleemann stand vor dem Zug im Gespräch mit einer anderen Transportbegleitung. Der Häftling [...] zitterte an allen Gliedern. Kleemann sagte zu ihm: ‚Komm, ich werde Dir den guten Weg zeigen‛ nahm ihn und führte ihn um den Zug herum an eine Baumgruppe. Es knallten zwei Schüsse, und ich konnte sehen, wie der Häftling zusammenbrach."[88] Kleemann befahl daraufhin den Toten bei einer Baumgruppe zu vergraben. Der Verbleib und die Identität des toten Häftlings sind bis heute unklar.[89]

Zuvor hatte der Transports bereits einen Halt in Brunsbüttelkoog eingelegt. Dort wurden weitere Häftlinge getötet.[90]

Bei einem Halt in Handeloh auf dem Weg nach Bergen-Belsen wurden auf einer Wiese ca. 60 tote Häftlinge, welche während des Transportes in den Waggons verstorben oder erschossen worden waren, auf Befehl

86 *Zeugenaussage Jacek Poczmans in den staatsanwaltlichen Ermittlungen gegen Hermann Kleemann wegen Verbrechen gegen die Menschlichkeit. In: LAS Abt. 352.2 Nr. 421 Bl. 30*

87 *Vgl.: Ausstellungsband Zwischen Harz und Heide. Todesmärsche und Räumungstransporte im April 1945; Wallstein Verlag; S. 22 und 36f.*

88 *Zeugenaussage Jacek Poczmans in den staatsanwaltlichen Ermittlungen gegen Hermann Kleemann wegen Verbrechen gegen die Menschlichkeit. In: LAS Abt. 352.2 Nr. 421 Bl. 29.*

89 *Vgl.: Ebenda.*

90 *Vgl.: Landesarchiv Schleswig-Holstein in Schleswig LAS Abt. 352.2 Nr. 423 Bl. 423.*

Kleemanns verscharrt.[91] Hier in Handeloh wurden zudem mindestens vier weitere Häftlinge getötet. [92] Die Irrfahrt ging von Handeloh weiter bis in das KZ Bergen-Belsen und endete dort am 10.04.1945.[93] Die Häftlinge mussten während des Transportes in den Waggons zu hundert in ihrem eigenen Kot stehen.[94] Der Kot tropfte aus den Waggons heraus.[95] Durch die günstigere Beweislage in Brunsbüttelkoog und in Handeloh vernachlässigte die Staatsanwaltschaft den Vorfall in Glückstadt.[96]

Nach der Kapitulation kehrte Kleemann zurück zu seiner Frau, die bereits im Januar 1945 von Bismarckhütte wieder nach Dithmarschen in Schleswig-Holstein gezogen war. Dort wurde er durch englische Truppen gefangengenommen und in das Internierungslager Elmshorn gebracht.[97] Diese Kapitulation am 8.5.1945 und der damit einhergehende komplette Zerfall des NS-Staates stellte unbestreitbar eine Zäsur innerhalb der deutschen Geschichte dar und läutete das Ende des Zweiten Weltkriegs in Europa ein. Oft wird dabei der Begriff der „Stunde Null" genutzt, welcher als überaus strittig gilt, da er suggeriert, dass der, zuvor noch in quasi allen gesellschaftlichen Bereichen tief verankerte, Nationalsozialismus mit dieser „Stunde Null" praktisch über Nacht verschwand. Dabei herrschte nach 1945 noch eine hohe Kontinuität ehemaliger Handlanger des NS-Regimes, die nach dem Kriegsende weiterhin unbehelligt lebten.[98] So auch Kleemann, dem die Niederlage des „Dritten Reichs" und der damit verbundene Umbruch auch einen per-

91 *Ebenda.*

92 *Vgl.: Urteil im Prozess gegen Kleemann vom Juli 1951. In: LAS Abt. 352.2 Nr. 423 Bl. 423.*

93 *Vgl.: Ausstellungsband: Zwischen Harz und Heide. Todesmärsche und Räumungstransporte im April 1945; Wallstein Verlag; S. 22 und 36f.*

94 *Vgl.: Landesarchiv Schleswig-Holstein in Schleswig LAS Abt. 352.2 Nr. 431 Bl. 91.*

95 *Ebenda.*

96 *Vgl.: Vermerk Kriminalpolizei vom 11.10.1949. In: LAS Abt. 352.2 Nr. 421 Bl. 67.*

97 *Vgl.: Hessisches Hauptstaatsarchiv Wiesbaden AV HHStAW 461 Nr. 37638/45 Hauptakten Bd. 44 Bl. 7777.*

98 *Vgl.: Torben Fischer, Matthias N. Lorenz: Lexikon der Vergangenheitsbewältigung in Deutschland, transcript Verlag, 2009 Aufl. 2, S. 42f.*

sönlichen Umbruch seiner Selbstwahrnehmung mit sich brachte. Der Investigativjournalist und Autor Ernst Klee resümierte: „Die Vernehmung Kleemanns vom 31.1.1961 ist ein Beispiel, wie ein Angehöriger des Mordpersonals ohne erkennbaren Widerspruch Martyrium und Tod der Häftlinge weglügen und sich als Helfer der Opfer aufspielen darf."[99]

X Prozesse

X. 1. Entnazifizierung – Spruchkammerverfahren in Bielefeld

Die Nürnberger Prozesse trugen neben den Verurteilungen der Hauptkriegsverbrecher auch zu einer Verurteilung der im Namen des Nationalsozialismus begangenen Verbrechen der NS-Führerkorps, Gestapo, SD und SS bei. So trat ab 1945 bis 1952 das sogenannte „Kontrollratsgesetz" in Kraft, welches durch den 10. Artikel das deutsche Gerichtswesen regelte. So sollten deutsche Gerichte Verbrechen von Deutschen an Deutschen in selbständiger Weise verhandeln dürfen.[100]

Doch das deutsche Gerichtswesen zeichnete sich unmittelbar nach Ende des Zweiten Weltkrieges durch Juristen aus, die bereits Richter zur Zeit des Nationalsozialismus waren und dank richterlicher Amnestien in ihre beruflichen Positionen zurückgekommen sind. Um nationalsozialistische Verbrechen überhaupt verhandeln zu können, wurden ab dem 5.3.1946 mit dem sogenannten „Befreiungsgesetz" Spruchkammern, bestehend aus juristischen Laien, eingesetzt. Hermann Kleemann wurde im Zuge „automatischer Verhaftungen"[101] im Jahre 1945 in die Haftanstalt zu Elmshorn verbracht. Dort musste er laut Gerichtsakten zwei Monate verbleiben.[102] Die Angaben der Gerichtsakten lauten wie

---

99 *Ernst Klee; Auschwitz; Täter, Gehilfen, Opfer und was aus ihnen wurde. Ein Personenlexikon. S. Fischer Verlag 2013 S.217*

100 *Vgl.: Torben Fischer, Matthias N. Lorenz: Lexikon der Vergangenheitsbewältigung in Deutschland, transcript Verlag, 2009 Aufl. 2, S. 61f.*

101 *Vgl.: Torben Fischer, Matthias N. Lorenz: Lexikon der Vergangenheitsbewältigung in Deutschland, transcript Verlag, 2009 Aufl. 2, S. 18.*

102 *Vgl.: Landesarchiv Schleswig-Holstein in Schleswig LAS Abt. 352.2 Nr. 421 Bl. 421.*

folgt: „Im Spruchgerichtverfahren ist er am 22. Oktober 1947 durch die 6. Spruchkammer in Bielefeld zu zwei Monaten Gefängnis wegen Zugehörigkeit zur SS verurteilt worden".[103]

Zumeist wurden in Spruchkammerverfahren vorrangig minderschwere oder weniger aufwändige Fälle behandelt und aufgrund der numerischen Masse der Meldebögen viele Vorfälle oftmals mit milderen Urteile oder standardisierten Strafen geahndet. Auf konkrete verbrecherische Handlungen wurde zu Beginn nicht weiter eingegangen. Verallgemeinert sind juristische Urteile nationalsozialistischer Verbrechen unter anderem deswegen eng gekoppelt gewesen mit dem relativen Scheitern der von den Alliierten erstrebten Entnazifizierung in den Bereichen des Verwaltungs- und Gerichtswesens.[104]

So wurde der Einsatz in der SS für Hermann Kleemann vergleichsweise milde bestraft, zumal Spruchkammern theoretisch Gefängnisstrafe von bis zu 10 Jahren verhängen konnten.[105] Bereits 1948 erreichte die Liste der Verurteilten pro Jahr ein Maximum von gerade einmal 1918 wegen nationalsozialistisch motivierter Verbrechen Verurteilten ihren Zenit.[106] Kleemann kam nach zwei Monaten wieder frei, er selbst stellte sich dennoch als Opfer dar, wie ein Zeitungsbericht vom 24.4.1951 belegt.[107] Er sei von den britischen Soldaten während der Haft schikaniert worden und entgegen offizieller Dokumente ganze zwei Jahre interniert gewesen. Die Täter-Opfer-Umkehr ist Beleg für die Selbstwahrnehmung des Täters Hermann Kleemann nach dem Untergang des "Dritten Reiches".

---

103 Ebenda.
104 Vgl.: Torben Fischer, Matthias N. Lorenz: „Vergangenheitsbewältigung" in Deutschland, Debatten- und Diskursgeschichte des Nationalsozialismus nach 1945, transcript Verlag 2009, Aufl. 2, S. 18f.
105 Ebenda.
106 Vgl.: Torben Fischer, Matthias N. Lorenz: „Vergangenheitsbewältigung" in Deutschland, Debatten- und Diskursgeschichte des Nationalsozialismus nach 1945, transcript Verlag, 2009 Aufl. 2, S. 61.
107 Vgl.: Norddeutsche Rundschau vom 24.4.1951 Ausg. 95.

X. 2. „Verbrechen gegen die Menschlichkeit" vor dem Landgericht Itzehoe

Die Staatsanwaltschaft Itzehoe eröffnete am 30.07.1948 ein Strafverfahren gegen Hermann Kleemann wegen „Verbrechens gegen die Menschlichkeit" und Tötung eines Häftlings. Kern des Verfahrens war der Räumungstransport aus dem Lager Woffleben und der Zwischenhalt in Glückstadt an der Elbe, welcher später aus ermittlungstaktischen Erwägungen als zu wenig zielführend erachtet wurde.

Der Angeklagte Hermann Kleemann bestritt vor Gericht, im Allgemeinen verantwortlich für die Zustände im KZ-Woffleben oder beim Räumungstransport vom 5.4.1945 gewesen zu sein. Noch sei er – entgegen der Anklage – Lagerführer des KZ Woffleben und des Transports gewesen. Heute ist klar, dass diese Aussage eine Lüge war, da er sehr wohl Lagerführer von Woffleben war.

Im Kontext des Transportes sagte Kleemann über sich selbst aus, dass er niemanden erschossen oder getötet habe, noch wurde in seiner Gegenwart ein Häftling erschossen oder getötet.[108]

Ernest O. Abel konterkariert diese Selbstdarstellung, indem er beobachtet haben will, dass Kleemann „Häftlinge, die vor Schwäche im Glied zusammengesunken sind, solange in den Bauch getreten hat, bis sie entweder tot liegen blieben oder sich wieder aufrichteten."[109] Als es in einem der 35 Waggons während des Transportes zu einem Streit kam, habe Kleemann einen der Streitenden aus dem Waggon holen lassen und diesen mit den Worten „Schau dir das an"[110] mit dem Gesicht zur Grube stellen lassen. Dann habe er seinen Revolver aus dem Futteral gezogen, durchgeladen und den Gefangenen mit einem Genickschuss exekutiert.[111] Der Hamburger Forensiker Dr. Fritz, einer der zwei Sachverständigen, welcher für die Exhumierung der 64 gefundenen Leichen vom 26.7.1950 in Handeloh zuständig war, stellte fest, dass sechs der

---

108 Vgl.: Landesarchiv Schleswig-Holstein in Schleswig LAS Abt. 352. Nr. 421 Bl. 67.

109 Vgl.: Landesarchiv Schleswig-Holstein in Schleswig LAS Abt. 352. Nr. 421 Bl. 65a

110 Landesarchiv Schleswig-Holstein in Schleswig LAS Abt. 352. Nr. 421 Bl. 29.

111 Vgl.: Landesarchiv Schleswig-Holstein in Schleswig LAS Abt. 352. Nr. 421 Bl. 146.

Oben: Aufnahme des Massengrabes in Handeloh. Aufgenommen während der Exhumierung 1950. LASH Abt. 352.2, Nr. 423 (1) unpaginiert. Unten: Untersuchte Schädel aus dem Massengrab in Handeloh und Beisetzung der untersuchten Schädel. LASH Abt. 352.2, Nr. 423 (2) unpaginiert.

Leichen mit einem Genickschuss getötet wurden.[112] Zudem ließen sich die gefunden Leichen zweifellos dem Transport zuordnen, an dem Hermann Kleemann Transportführer gewesen war.[113] Das Gericht stellte fest, dass wenn Kleemann Transportführer gewesen sei, er für die dortigen Zustände verantwortlich gewesen war. Die Darstellung ist laut Kleemann jedoch übertrieben und die Zustände nicht zu ändern gewesen.[114] Das Landgericht ließ für die Verhandlung ein persönliches Gutachten erstellen mit dem Ziel, Klarheit über die Person Kleemann zu erlangen. Vor Gericht vorgestellt hatte dies der Kieler Prof. Dr. med. Wilhelm Hallermann, welcher Kleemann zwar als primitiven, gefühllosen und seelenlosen Menschen beschrieb, der wenn er Morde begangen habe, dies auch wisse und dafür voll verantwortlich zu machen sei: „Aber seiner persönlichen Einsicht und Handlungsfähigkeit enge Grenzen gesetzt seien. Gewisse Taten seien ihm in solchem Grade persönlichkeitsfremd, dass derartige Beschuldigungen unglaubwürdig seien."[115] Das Gericht folgte dieser Bewertung Hallermanns. Zudem sind wichtige Zeugenaussagen für unglaubwürdig befunden worden.

Über einen der Zeugen, Stöcker, monierte das Gericht, er sei ein „Phantast und geschickter Schwindler, dem nichts geglaubt werden kann […], er mag zwar im Woffleben gewesen sein […], die von ihm bekundeten Einzelheiten, auf die es ankommt, kann er trotzdem erfunden haben."[116] Begründet wird dies auch mit der kriminellen Vergangenheit des Zeugen.[117] Die ehemaligen Kapos Weiler und Neumann stellten zudem die Zeugenaussage des ehemaligen KZ-Häftlings Abel in Abrede. Beide hatten den von Abel bekundeten Vorfall dementiert.

---

112 Vgl.: *Landesarchiv Schleswig-Holstein in Schleswig LAS Abt. 352.Nr. 421 Bl. 500, an den Oberstaatsanwalt 24a Lüneburg, 21. November 1957.*

113 *Ebenda.*

114 Vgl.: *Landesarchiv Schleswig-Holstein in Schleswig LAS Abt. 352. Nr. 421 Bl. 423.*

115 *Landesarchiv Schleswig-Holstein in Schleswig LAS Abt. 352. Nr. 423 Bl. 426.*

116 *Landesarchiv Schleswig-Holstein in Schleswig LAS Abt. 352.2 Nr. 423 Bl. 425.*

117 Vgl.: *Landesarchiv Schleswig-Holstein in Schleswig LAS Abt. 352.2 Nr. 421 Bl. 425.*

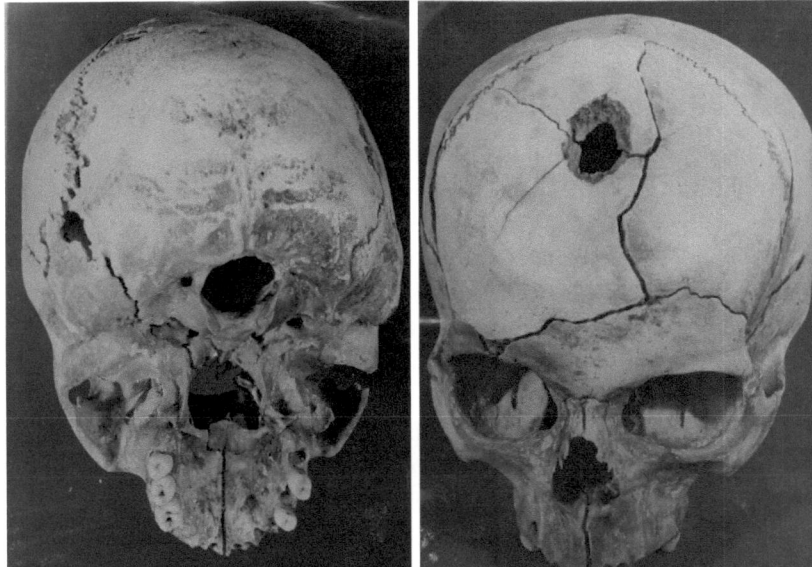

Eines der Opfer aus dem Massengrab, bei dem als direkte Todesursache „Erschießen" festgestellt wurde. LASH Abt. 352.2, Nr. 423 (3) unpaginiert.

„Das muss Bedenken gegen die Richtigkeit der Aussage des Zeugen Abel erwecken"[118], folgerte das Gericht.

Da Weiler und Neumann Kapos eines recht überschaubaren Lagers von 300 bis 400 Häftlingen waren, hätten diese die Misshandlung, die Abel beschrieb, beobachten müssen, was diese verneinten.[119] Zudem hatte der Zeuge Poczman Kleemann bei einer direkten Gegenüberstellung nicht zweifelsfrei identifizieren können.[120] In Kombination mit dem vorgestellten Gutachten kam das Gericht schließlich zu folgendem Ergebnis: „Die Hauptverhandlung hat einen hinreichenden Beweis dafür, dass der Angeklagte diese Straftaten begangen hat, nicht erbracht."[121]

118 *Landesarchiv Schleswig-Holstein in Schleswig LAS Abt. 352.2 Nr. 421 Bl. 425*

119 *Vgl.: Landesarchiv Schleswig-Holstein in Schleswig LAS Abt. 352.2 Nr. 421 Bl. 425.*

120 *Vgl.: Landesarchiv Schleswig-Holstein in Schleswig LAS Abt. 352.2 Nr. 421 Bl. 443.*

121 *Landesarchiv Schleswig-Holstein in Schleswig LAS Abt. 352.2 Nr. 421 Bl. 423f.*

„Im Namen des Volkes" erging am 25.5.1951 schließlich folgendes Urteil:
„Der Angeklagte wird auf Kosten der Landeskasse freigesprochen."[122]

X. 3. Ursachen und Thesen für das Scheitern dieses Verfahrens

Ein Ansatz für den damaligen Ausgang des Verfahrens ist mit Sicherheit die Kontinuität in deutschen Gerichtssälen und anderen Behörden sowie in den Verwaltungen. Nach 1945 waren rund 30 Prozent der Gerichtspräsidenten, sowie 80 Prozent der Landgerichtspräsidenten ehemalige NSDAP Mitglieder.[123] Artikel 131 des Grundgesetzes sicherte zudem allen Angehörigen des öffentlichen Dienstes einen Anspruch auf Wiederverwendung und Versorgung zu, wenn diese durch Wehrdienst, Vertreibung oder Entnazifizierung ihre Stelle verloren hatten.[124] Dieser Artikel war auch Grundlage der personellen Kontinuität. Befangene Richter sympathisierten möglicherweise mit den Angeklagten, was denen wiederum ein milderes Urteil einbrachte oder, wie im vorliegenden Fall, einen Freispruch. Hermann Kleemann war darin bemüht, seine Taten mit angeblicher Unkenntnis zu verschleiern und sich selbst in ein positives Licht zu rücken. Dabei half ihm das von Prof. Dr. Hallermann vorgestellte Gutachten deutlich. Der Freispruch ist als solches also nicht alleine den gerichtlichen Kontinuitäten zuzuschreiben, sondern auch dem Gutachten. Gerade angesehene Gutachter wie Hallermann spielten dabei eine bedeutende Rolle, ebenso dessen NS-Vergangenheit. Prof. Dr. med. Wilhelm Hallermann war nicht nur Mitglied im NS-Dozentenbund[125], sondern seit 1933 auch Mitglied in der SA. Sein Eintritt in die NSDAP lässt sich auf den 1.5.1937 datieren, er trug die Mitgliedsnummer 4358616.[126] Mehrere von ihm verfasste Gutachten nach 1945

---

122 *Landesarchiv Schleswig-Holstein in Schleswig LAS Abt. 352.2 Nr. 421 Bl. 420.*

123 *Vgl.: Torben Fischer, Matthias N. Lorenz: Lexikon der Vergangenheitsbewältigung in Deutschland, transcript Verlag, 2009 Aufl. 2, S. 99.*

124 *Vgl.: Torben Fischer, Matthias N. Lorenz: Lexikon der Vergangenheitsbewältigung in Deutschland, transcript Verlag, 2009 Aufl. 2, S. 43f.; Grundgesetz Artikel 131.*

125 *Ernst Klee: Das Personenlexikon zum Dritten Reich. Wer war was vor und nach 1945. S. Fischer Verlag, S. 220.*

126 *Herber: Hakenkreuz. Anmerkung 49 S. 479 Zitat aus Universitätsarchiv Berlin: Personalakte PA H62, Bd. II, Bl. 76.*

belegen grundlegende Verbundenheiten mit Tätern des NS-Staates. So wurde Prof. Dr. Hallermann beispielsweise 1964 mit der Aufgabe betraut, ein Gutachten über 216 Euthanasiemorde in der Kinderfachabteilung Schleswig zu verfassen. Dabei kam er zu dem Ergebnis, dass keine Auffälligkeiten zu erkennen seien. Aufgrund dieser Empfehlung ließ die Staatsanwaltschaft die weiteren Ermittlungen fallen. Hallermann war zudem mit dem Euthanasietäter Werner Heyde bekannt, welcher nach 1945 lange Zeit unter dem Pseudonym Fritz Sawade lebte und so der Justiz entging. Hallermann hatte Kenntnis von dessen Verstrickung in das Euthanasieprogramm und seiner wahren Identität.[127]

Die Parallelen zum Fall Kleemann sind unverkennbar. Wieder folgte das Gericht einem Gutachten. Es liegt zudem nahe, dass bei diesem NS–Hintergrund gewisse Sympathien gegenüber ehemaligen Anhängern nationalsozialistischer Gruppierungen vorhanden waren. Im Verfahren gegen Kleemann hätten die Zeugenaussagen aus Eindeutigkeit der Schuld Kleemanns mehr ins Gewicht fallen müssen. Das von Prof. Dr. Hallermann vorgestellte Gutachten hatte für das Gericht jedoch mehr Bedeutungskraft besessen als die einzelnen Zeugenaussagen in Summe.

Nur wenige der Überlebenden waren überhaupt bereit als Zeuge vor einem Gericht auszusagen, da sie nie betreute, individuelle „Aufarbeitung" erfahren hatten, soweit dies überhaupt möglich war. Zudem war die Anzahl potentieller Zeugen gering, da eine große Zahl bereits umgekommen war und andere ausgewandert waren.

Die physisch und psychisch extrem hohe Belastung, der die Gefangenen während der NS-Zeit ausgesetzt waren, führte vermutlich auch zu Unsicherheiten in ihren Aussagen, wenn sie überhaupt in der Lage waren auszusagen.

Es ist selbstverständlich, dass während eines Räumungstransportes das eigene Überleben primär war. So ließe sich erklären, dass ein Name eher eine Banalität für einen Häftling darstellte. Aus diesem Grunde werden inkorrekte oder unvollständige Angaben ehemaliger Häftlinge die Regel gewesen und Gegenüberstellungen gescheitert sein.

Hermann Kleemann war mit seiner Frau seit 1964 in Herten in Nordrhein-Westfalen wohnhaft. Beruflich war er im Bergbau tätig, am

---

127 Ernst Klee: *Das Personenlexikon zum Dritten Reich. Wer war was vor und nach 1945. S. Fischer Verlag*, S. 220f.

30.4.1971 wurde ihm gekündigt und er wurde frühverrentet.[128] Es ist zu vermuten, dass Kleemann erste bergbauliche Kenntnisse bereits während seiner Zeit im KZ Janinagrube erlangte. Im Zuge der Vorbereitung eines Strafverfahrens kam es zu seiner Vernehmung als Zeuge. Später wurde Kleemann selbst zum Angeklagten wegen Mordes erklärt.[129] Gegenstand des Verfahrens war die Tötung von Konzentrationshäftlingen des Nebenlagers Bismarckhütte. Am 8.7.1975 verfügte die Staatsanwaltschaft bei dem Landgericht Hannover eine Anklage nach §211 StGB.: Mord.[130] Dafür wurde, wie bereits erwähnt, zur Vorbereitung eine Zeugenbefragung am 23.12.1973 durchgeführt.[131] Diese fand in Herten, in der Wohnung Kleemanns statt. Ein früheres Gesuch des Landeskriminalamtes, die Vernehmung in Köln stattfinden zu lassen, wurde von Kleemanns Frau als aus gesundheitlichen Gründen nicht zumutbar erachtet. Ihr Mann habe ein schweres Herzleiden und bereits zwei schwere Herzinfarkte hinter sich, weswegen er zu 100 Prozent Invalide sei. Sie erbat „auf den Gesundheitszustand [ihres] Mannes Rücksicht [zu] nehmen und auf eine Zeugenaussage [zu] verzichten."[132]

Diesem Wunsch kamen die Ermittler nicht nach. Hermann Kleemann stellte nach seiner rechtlichen Belehrung, nicht aussagen zu müssen oder einen Rechtsanwalt hinzuziehen zu können, klar, dass er als Zeuge aussagen wolle. Er erklärte seinen bereits geschilderten Gesundheitszustand und fügte diesem an:

128 *Vgl.: Nds. 721 Hannover Acc. 2007/082 Nr. 8 Bl. 179, Staatsanwaltschaft bei dem Landgericht Hannover, Strafsache gegen Niemeyer, Kleemann u.a. wegen Mordes.*

129 *Vgl.: Nds. 721 Hannover Acc. 2007/082 Nr. 10 Bl. 137-139, Staatsanwaltschaft bei dem Landgericht Hannover, Strafsache gegen Niemeyer, Kleemann u.a. wegen Mordes.*

130 *Vgl.:Nds. 721 Hannover Acc. 2007/082 Nr. 10 Bl. 137-139, Staatsanwaltschaft bei dem Landgericht Hannover, Strafsache gegen Niemeyer, Kleemann u.a. wegen Mordes.*

131 *Ebenda.*

132 *Vgl.: Nds. 721 Hannover Acc. 2007/082 Nr. 10 Bl. 128, Staatsanwaltschaft bei dem Landgericht Hannover, Strafsache gegen Niemeyer, Kleemann u.a. wegen Mordes.*

„Auch muss ich sagen, dass ich während meiner beruflichen Tätigkeit zweimal eine Gehirnerschütterung erlitten habe, durch welche mein Erinnerungsvermögen doch erheblich in Mitleidenschaft gezogen worden ist […], so dass ich die Bitte aussprechen muss, mich nicht noch einmal mit derartigen, so weit zurückliegenden Dingen zu belästigen."[133]

Zur Sache machte Kleemann im Folgenden die Aussagen über den erfragten Tatbestand: Bismarckhütte. Er sei erstens für die Verpflegung zuständig gewesen und zweitens für seine Kommandoeinheit. Mit der Bewachung als solches habe er selber aber nichts zu tun gehabt, genauso wenig habe er Appelle abgehalten. Generell machte Kleemann keinen Angaben zu Namen, er könne sich an keine mehr erinnern.[134]

Während seiner Zeit im Lager Bismarckhütte 1944 und der Evakuierung 1945 habe er keine Tötungsdelikte an Häftlingen miterleben können. Sowas sei ihm auch nie zu Ohren gekommen.[135]

Er stellte zu allen möglichen Anklagepunkte zu jeder Zeit fest, dass er diese zwar nicht ausschließen könne, betonte gegenüber dem Landeskriminalamt aber, sich an derlei Dinge nicht zu erinnern.[136] Er wisse jedoch, dass der Kontakt zu den Häftlingen sehr gut gewesen sei.[137] So gibt er an, dass er sich täglich persönlich von der Qualität des Essens für die Gefangenen überzeugen musste. Des Weiteren sagte er aus: „Ich

---

133 *Nds. 721 Hannover Acc. 2007/082 Nr. 10 Bl. 131-137, Staatsanwaltschaft bei dem Landgericht Hannover, Strafsache gegen Niemeyer, Kleemann u.a. wegen Mordes.*

134 *Vgl.: Nds. 721 Hannover Acc. 2007/082 Nr. 10 Bl. 131-137, Staatsanwaltschaft bei dem Landgericht Hannover, Strafsache gegen Niemeyer, Kleemann u.a. wegen Mordes.*

135 *Vgl.: Nds. 721 Hannover Acc. 2007/082 Nr. 10 Bl. 131-137, Staatsanwaltschaft bei dem Landgericht Hannover, Strafsache gegen Niemeyer, Kleemann u.a. wegen Mordes.*

136 *Nds. 721 Hannover Acc. 2007/082 Nr. 10 Bl. 134, Staatsanwaltschaft bei dem Landgericht Hannover, Strafsache gegen Niemeyer, Kleemann u.a. wegen Mordes.*

137 *Vernehmung AV HHStAW 461 Nr. 37638/45 Hauptakten Bd. 44 Bl. 7778.*

selbst habe auch noch zusätzliche Lebensmittel für die Häftlinge des Lagers besorgt, soweit dies in meiner Macht lag."[138]

Abschließende Worte Kleemanns zur Befragung lesen sich wie folgt: „Ich bitte, sie sofort zu beenden, da ich mich zu Bett legen muss. Auch eine spätere nochmalige Vernehmung lehne ich ab. Ich bitte, mich mit diesen Sachen nicht mehr zu belästigen."[139] Diese Aussagen lassen sich zur Bewertung der Selbstwahrnehmung Hermann Kleemanns heranziehen. Er möchte mit „derlei" Dingen aus der Vergangenheit nichts mehr zu tun haben. Ob es sich dabei um die persönliche Verdrängung der Verbrechen handelt oder es ihm schlicht obsolet erschien, erneut aussagen zu müssen, lässt sich nur vermuten. Er sah sich durch die erneute Befragung belästigt und hatte nach außen mit den ihm zur Last gelegten Taten abgeschlossen. Sein gesundheitlicher Zustand kam seiner Exkulpations–Strategie zugute. Inwieweit die Darstellungen seines körperlichen und geistigen Zustandes der Wahrheit entsprachen, ist fraglich. Das Gericht ließ Kleemann trotzdem für den 13.2.1979 vorladen.

XI Fazit

Eine rechtmäßige Bestrafung begründet sich im Allgemeinen mit dem Bedürfnis einer Gesellschaft sich vor weiteren Verbrechen zu schützen. Die abschreckende Wirkung gilt zumeist als warnendes Beispiel und sichert der Gesellschaft ein Maß an Schutz zu. Zudem soll eine Verurteilung ein Gerechtigkeit schaffender Vorgang sein. Dies kann nicht für Kriegsverbrecher gelten. Eine Verurteilung kann die begangenen Verbrechen aufgrund der Qualität sowie Quantität nie annähernd „gerecht" bestrafen. Der Begriff der „Gerechtigkeit" ist also nicht angebracht, wenn es um die Verurteilung von diesem Typus Verbrecher geht. Dennoch ist eine Verurteilung von Verbrechen sowie Verbrechern die einzige Möglichkeit, der gesellschaftlich angestrebten Sicherheit näher

138 Vgl.: Nds. 721 Hannover Acc. 2007/082 Nr. 10 Bl. 131-133, Staatsanwaltschaft bei dem Landgericht Hannover, Strafsache gegen Niemeyer, Kleemann u.a. wegen Mordes.
139 Vgl. Hannah Arendt: Was heißt persönliche Verantwortung in einer Diktatur, Piper Verlag, S.20.

zu kommen. Juristisch gesehen ist lediglich eine Art der Schuld relevant, die „kriminelle", da diese jedem Einzelnen durch Gesetzesverstöße nachgewiesen werden kann. Der Philosoph Karl Jaspers erweiterte die zugrundeliegenden Prämissen der Schuld um die Kategorien der „politischen, moralischen und metaphysischen Schuld". Schuld sei genauso zu differenzieren wie die Art der Verbrechen. Für die Urteilsfindung müsse die politische von der persönlichen („kriminellen") Verantwortung getrennt werden, da nur persönliche Schuld de jure sei.[140]

Danach sei aus politischer Prämisse ein Kollektiv, z.B. „Staatsbürger" oder SS, mitschuldig zu machen am Wirken der eigenen Regierung. Dieser Ansatz lässt aber außer acht, dass eine Regierung seine Staatsbürger auch täuschen und übergehen kann. Diese Annahme entspricht der sogenannten „Kollektivschuldthese", welche aus verschiedenen Gründen als unangebracht zu betrachten ist. So gibt es nach Hannah Arendt keine „kollektive Schuld",[141] da diese einer „Reinwaschung" gleichen würde, die es dem Individuum erlauben könnte, sich auf die alleinige Schuld des Kollektivs zu berufen und von der eigenen Schuld abzulenken.[142] Somit ist politische Schuld nicht auf ein staatsbürgerliches Kollektiv zu reduzieren, sondern wie im Strafrecht vorgesehen auf jeden Einzelnen, sprich das Individuum, zu beziehen. Mit dieser Annahme kann Hermann Kleemann juristisch nicht belangt werden, selbst wenn er einer Gemeinschaft angehörte, die sich als Kollektiv schuldig gemacht hatte, der SS.

Der Fall Hermann Kleemann ist auch als Symbol des Scheiterns der Entnazifizierung der Alliierten zu sehen. Dessen Hauptziel war die Entfernung der NS-Ideologie sowie deren Einflüsse auf die deutsche Gesellschaft. Die reelle Umsetzung gilt aus heutiger Sicht aber als unzureichend und unbefriedigend. Die heranzuziehenden Gründe dafür sind komplex. So gebe es unter anderem keine homogene Konzeption der

140 Vgl.: Torben Fischer, Matthias N. Lorenz: Lexikon der „Vergangenheitsbewältigung" in Deutschland, Debatten- und Diskursgeschichten des Nationalsozialismus nach 1945, transcript Verlag, 2009 Aufl. 2, S. 28.

141 Vgl.: Hannah Arendt: Was heißt persönliche Verantwortung in einer Diktatur, Piper Verlag, S. 24.

142 Vgl.: Hannah Arendt: Was heißt persönliche Verantwortung in einer Diktatur, Piper Verlag, S. 14.

Entnazifizierungsstrategie auf Seiten der westlichen Besatzer. Während die USA auf eine gesellschaftliche Säuberung hinarbeiteten, betrieben Frankreich und Großbritannien eine weniger rigorose Umsetzung mit dem Fokus auf die Säuberung im Bereich der Verwaltung. [143]Mit dem sogenannten „Befreiungsgesetz" vom 5.3.1946 ging die Übergabe juristischer Zuständigkeit an deutsche Gerichte einher, vornehmlich durch mit Laien besetzte Spruchkammern. Die Kammern hatten ein Volumen von 13 Millionen Fällen zu verhandeln, von denen vornehmlich die minder schweren behandelt worden sind. Nur in den seltensten Fällen kam es zu einer Verurteilung, geschweige denn zu Strafen.[144] Mit der zunehmenden Polarisierung der Verhältnisse zwischen den USA und der Sowjetunion veränderte sich ab 1948 die Entnazifizierungspolitik maßgebend. Statt die Säuberung der Gesellschaft in der angedachten Konsequenz fortzuführen, wurde mittels personeller Kontinuität in den Bereichen Verwaltung, Wirtschaft und Justiz der möglichst schnelle Wiederaufbau mittels der alten Eliten forciert.[145] So wurden vor 1949 begangene Straftaten unter Einfluss des Nationalsozialismus zum Teil straffrei gestellt.[146] Dadurch gelang es vielen Tätern, zu unbescholtenen Bürgern zu werden, die in der Bundesrepublik ein neues Leben führten, ohne je für ihre Taten zur Rechenschaft gezogen worden zu sein. Es hätte vermutlich bis 1979 gedauert, bis Hermann Kleemann das erste Mal aufgrund seiner begangenen Verbrechen juristisch verurteilt worden wäre. Davor „bewahrte" ihn jedoch seine Krankheit und der vorzeitige Tod.

Der Kontext der Zeit lässt eine Differenzierung zu. So konnte der Wiederaufbau und die Wiederaufnahme der Verwaltung und des Ge-

---

143 Vgl.: Torben Fischer, Matthias N. Lorenz:‚Lexikon der „Vergangenheitsbewältigung" in Deutschland, Debatten- und Diskursgeschichten des Nationalsozialismus nach 1945, transcript Verlag, 2009 Aufl. 2, S. 18.

144 Ebenda.

145 Vgl.: Torben Fischer, Matthias N. Lorenz: Lexikon der „Vergangenheitsbewältigung" in Deutschland, Debatten- und Diskursgeschichten des Nationalsozialismus nach 1945, transcript Verlag, 2009 Aufl. 2, S. 19.

146 Vgl.: Torben Fischer, Matthias N. Lorenz:Lexikon der „Vergangenheitsbewältigung" in Deutschland, Debatten- und Diskursgeschichten des Nationalsozialismus nach 1945, transcript Verlag, 2009 Aufl. 2, S. 92.

richtswesens nicht in geeigneter Weise realisierbar gewesen sein, ohne eine gewisse Kontinuität im Bereich des Personalwesens in Kauf zu nehmen. Dies war den Besatzungsmächten bewusst, wodurch eine gewisse „strategische Toleranz" gegenüber NS-Lebensläufen stattfand. Auch aufgrund der Masse der Fälle, sowie der aus Laien bestehenden gerichtlichen Strukturen der Spruchkammern, lässt sich waltende Milde gegenüber Mitgliedern nationalsozialistischer Verbände herleiten. Sie konnten nicht in dem Maße juristisch agieren, wie es zum Beispiel heute der Fall ist. Der Generationenwechsel war für ein effektives Gerichtswesen erforderlich. Aus heutiger Perspektive lässt sich sagen, man hätte juristisch Kontinuitäten vermeiden müssen und darauf achten sollen, dass Gutachter unparteiisch agieren. Aufgrund der Irrelevanz der Kollektivschuldthese ist auch hier jedes handelnde Individuum im Einzelnen heranzuziehen und nicht jedes Individuum hat sich auch schuldig gemacht. So gab es durchaus Menschen, die sich ins Private zurückzogen, um nicht Mittäter zu werden oder sich politisch zu betätigen. Dies taten sie, um mit sich auf moralischer Ebene im Reinen zu bleiben.[147] Ein SS-Oberscharführer ist deswegen schon davon ausgenommen, da ein solcher dank seines Sendungsbewusstseins eine Ideologie nach außen vertritt bzw. in deren Namen handelt. Nicht jeder Täter aber tötete auf der Grundlage der NS–Ideologie. Oftmals handelten Einzelne aus eigenem Antrieb, zum Beispiel aus einem ausgeprägten Sadismus.

Abschließend ist es wichtig zu sagen, dass wir nicht befähigt sind anzuklagen oder ein juristisches Urteil zu sprechen. Diese Aufgabe obliegt unabhängigen Gerichten. Doch wir sind befähigt Sachverhalte aufzuzeigen und Sach- sowie Werturteile zu verfassen.

Kleemanns Strategie fußt auf dem angeblichen „Vergessen" von Tatsachen und dem ständigen Leugnen von Fakten. Wenn er Gefahr läuft, als Täter eingeordnet zu werden, weil er eine Handlung nicht mehr leugnen kann, dann versucht er diese ihm zweifelsfrei nachweisbaren Taten umzudeuten oder schlicht aufs Harmlose zu reduzieren.

Als Beispiel kann die sich in Janinagrube zugetragene Situation des Zielschießens auf von Gefangenen gehaltene Karten herangezogen werden. Den Schuss in die Hand eines Häftlings deutet Kleemann als „Wet-

---

147 Vgl. *Hannah Arendt: Was heißt persönliche Verantwortung in einer Diktatur, Piper Verlag, S.66.*

Jens Rusch, „Hinrichtung". Die Zeichnung wurde eigens von dem Künstler für das Projekt der Schüler angefertigt.

te". Dies zeigt nicht nur den leichtfertigen Umgang mit einer Schusswaffe, sondern auch ein hohes Maß an Unreflektiertheit. Er versucht diese Straftat als eine „Wette" bzw. „dummen Jungenstreich" darzustellen. Es kam in diesem Fall zwar niemand zu Tode, doch wer mit einer Schusswaffe, deren Projektile tödliche Verletzungen erzeugen können, auf Menschen schießt, selbst zum Zwecke einer „Wette", der nimmt billigend in Kauf, dem Opfer lebensgefährliche Verletzungen zuzufügen. Mit Sicherheit wird sich nie ein Häftling in einem Konzentrationslager „freiwillig" beschießen haben lassen, dies wird unter Zwang geschehen sein. Die Beweggründe Kleemanns zu schießen können von der eigenen Belustigung, dem Ausleben bestimmter Triebe bis zur Festigung seiner Macht gegenüber den Häftlinge gedient haben.

Ein weiterer Beleg für diese Art der Strategie ist seine Aussage über seine Funktion im Block 11 des Stammlagers Auschwitz I: „Mit Häftlingen im Block 11 hatte ich nichts zu tun. Zu dieser Zeit habe ich im Block 11 nie erlebt, dass Erschießungen durchgeführt wurden. […] Später habe ich dann einmal gehört, dass man im Hof von Block 11 eine Wand für Erschießungen aufgebaut hätte. Selbst gesehen habe ich diese Wand nie. Es trifft nicht zu, dass ich jemals an Erschießungen von Häftlingen beteiligt war. […] Ich habe auch niemals eine Erschießung selbst gesehen. Das Schießen bei Exekutionen habe ich jedoch gehört".[148]

Diese Aussage steht im massiven Widerspruch zu den Aussagen mehrerer Zeugen, denn auch hier wollte Kleemann seine Unkenntnis hervorheben, um seine „Unschuld" zu untermauern.

Hermann Kleemann starb am 12.11.1977.[149] Er verbüßte gerade einmal zwei Monate Haft wegen seiner SS-Zugehörigkeit und wurde nie für seine Verbrechen verurteilt.

Literaturverzeichnis

Akten:
Hessisches Hauptstadtarchiv Wiesbaden, AV HHStAW 461 Nr. 37638/45 Hauptakten Bd. 44.
Bundesarchiv, BArch R96361-III-96670.
Bundesarchiv, BArch Z42IV-2026.

148 Vgl.: Vernehmung Hessisches Hauptstaatsarchiv Wiesbaden AV HHStAW 461 Nr. 37638/45 Hauptakten Bd. 44 Bl. 7780.
149 Vgl.: Nds. 721 Hannover Acc. 2007/082 Nr. 10 Bl. 210, Staatsanwaltschaft bei dem Landgericht Hannover, Strafsache gegen Niemeyer, Kleemann u.a. wegen Mordes.

Herber: Hakenkreuz, Anmerkung 49 S. 479, Zitat aus Universitätsarchiv Berlin: Personalakte PA H62, Bd. II.

Landesarchiv Schleswig-Holstein in Schleswig LAS Abt. 352 Itzehoe Nr.421, Ermittlungen gegen Hermann Kleemann wegen Verbrechen gegen die Menschlichkeit.

Landesarchiv Schleswig-Holstein in Schleswig LAS Abt. 352 Itzehoe Nr.423, Ermittlungen gegen Hermann Kleemann wegen Verbrechen gegen die Menschlichkeit.

Nieders. Hauptstadtarchiv Hannover Nds. 721 Hannover Acc. 2007/082 Nr.4, Staatsanwaltschaft bei dem Landgericht Hannover, Strafsache gegen Niemeyer, Kleemann u.a. wegen Mordes.

Nieders. Hauptstadtarchiv Hannover Nds. 721 Hannover Acc. 2007/082 Nr.5, Staatsanwaltschaft bei dem Landgericht Hannover, Strafsache gegen Niemeyer, Kleemann u.a. wegen Mordes.

Nieders. Hauptstadtarchiv Hannover Nds. 721 Hannover Acc. 2007/082 Nr.6, Staatsanwaltschaft bei dem Landgericht Hannover, Strafsache gegen Niemeyer, Kleemann u.a. wegen Mordes.

Nieders. Hauptstadtarchiv Hannover Nds. 721 Hannover Acc. 2007/082 Nr.8, Staatsanwaltschaft bei dem Landgericht Hannover, Strafsache gegen Niemeyer, Kleemann u.a. wegen Mordes.

Nieders. Hauptstadtarchiv Hannover Nds. 721 Hannover Acc. 2007/082Nr.10, Staatsanwaltschaft bei dem Landgericht Hannover, Strafsache gegen Niemeyer, Kleemann u.a. wegen Mordes.

Nieders. Hauptstadtarchiv Hannover Nds. 721 Hannover Acc. 2007/082 Nr.11, Staatsanwaltschaft bei dem Landgericht Hannover, Strafsache gegen Niemeyer, Kleemann u.a. wegen Mordes.

Literatur:

Arendt, Hannah: Was heißt persönliche Verantwortung in einer Diktatur, Piper Verlag.

Ausstellungsband Zwischen Harz und Heide. Todesmärsche und Räumungstransporte im April 1945; Wallstein Verlag.

Benz, Wolfgang / Distel, Barbara: Der Ort des Terrors Bd. 5, C.H.Beck.

Benz, Wolfgang / Distel, Barbara: Der Ort des Terrors Bd. 7, C.H.Beck.

Blatman, Daniel: Die Todesmärsche 1944/45 Das letzte Kapitel des Nationalsozialistischen Massenmordes. Rowohlt Verlag GmbH, Hamburg 2011.

*Emmerich, Alexander / Jankrift, Kay Peter / Kockerols, Bernd / Müller, Wolfdietrich:
Deutsche Geschichte, Menschen, Ereignisse, Epochen, Bundeszentrale für politische Bildung*

*Fischer, Torben / Lorenz, Mathias N.(Hg.): Lexikon der „Vergangenheitsbewältigung"
in Deutschland, Debatten- und Diskursgeschichte des Nationalsozialismus nach
1945, transcript Verlag
2009, Aufl. 2.*

*Greif, Gideon / Siebers,Peter: NS-Dokumentationszentrum der Stadt Köln in
Zusammenarbeit mit dem staatlichen Museum Auschwitz-Birkenau (Hrsg.):
Todesfabrik Auschwitz, Topografie und Alltag in einem Konzentrations- und
Vernichtungslager, Emons Verlag 2016*

Gutman, Israel et al.: „Enzyklopädie des Holocaust", Bd.3 München 1995

*Hein, Bastian: Elite für Volk und Führer, Die Allgemeine SS und ihre
Mitglieder 1925-1945, Oldenburg Verlag München 2012.*

*Klee, Ernst: Auschwitz Täter, Gehilfen, Opfer und was aus ihnen wurde. Ein
Personenlexikon, S.Fischer Verlag.*

*Klee, Ernst: Das Personenlexikon zum Dritten Reich. Wer war was vor und nach
1945, S. Fischer Verlag.*

*Kogon, Eugen: Der SS-Staat. Das System der deutschen
Konzentrationslager. Heyne Verlag 1988.*

*Langbein, Hermann: Menschen in Auschwitz, Ullstein Verlag, 1. Auflage
2003, S. Fischer Verlag.*

*Wagner, Bernd C.: IG Auschwitz. Zwangsarbeit und Vernichtung von Häftlingen des
Lagers Monowitz 1941-1945. München 2000, S.11.*

Zámečník, Stanislav: Das war Dachau, Fischer Taschenbuch 1. Auflage 2003

Internetquellen:

*Hoser, Paul: Schutzstaffel (SS), 1925-1945, Historisches Lexikon Bayern, https://
www.historisches-lexikon-bayerns.de/Lexikon/Schutzstaffel_(SS),_192
5-1945#Die_Totenkopfverb.C3.A4nde, zuletzt aufgerufen am 23.02.2019.*

*Kapo (KZ): https://de.wikipedia.org/wiki/Kapo_(KZ), zuletzt abgerufen am
26.02.2019.*

*Scriba, Arnulf: Die Schutzstaffel (SS), Deutsches Historisches Museum, Berlin, 15.
Mai 2015,
https://www.dhm.de/lemo/kapitel/ns-regime/ns-organisationen/ss/, zuletzt aufgerufen am 18.02.2019.*

Oertle, Jenny, Deutsches Historisches Museum, Berlin, 15.05.2015, https://www. dhm.de/lemo/kapitel/der-zweite-weltkrieg/voelkermord/konzentrati ons-und-vernichtungslager-auschwitz.html, zuletzt aufgerufen am 25.02.2019.

Pohl, Dieter, DIE ZEIT, 05.06.2008 Nr. 24, https://www.zeit.de/2008/24/Eisernes-Kreuz/seite-3, zuletzt aufgerufen am 24.02.2019.

Kapo (KZ): https://de.wikipedia.org/wiki/Kapo_(KZ), zuletzt abgerufen am 26.02.2019.

Zeitungsartikel:

Norddeutsche Rundschau vom 24.4.1951 Ausg. 95.